(par l'abbé . P.
Barral)

MANUEL

DES

SOUVERAINS.

Misericordia & veritas custodiunt regem, & roboratur clementiâ thronus ejus.
Proverb. Salomon. chap. xx. vers. 28.

M. DCC. LIV.

AVERTISSEMENT.

ON écrit ſans ceſſe pour regler la conduite & les mœurs des peuples : les ouvrages en ce genre ſe multiplient chaque jour ſous différentes formes. Aſſez rarement en paroit-il qui tendent à repréſenter aux Souverains leurs devoirs, & à les animer à la pratique des vertus qui leur ſont néceſſaires. C'eſt donner tous ſes ſoins aux rameaux, & négliger le tronc & la racine. On ſçait pourtant que partageant avec nous toutes les foibleſſes de l'humanité, ils ſont outre cela moins à l'abri de la ſéduction, plus livrés à eux-mêmes, exposés à plus de dangers & ſans ceſſe en butte aux traits empoiſonnés de l'adulation, & aux attraits enchanteurs de la volupté.

Croit-on donc plus important d'apprendre aux inférieurs l'art de vivre dans l'obéiſſance, qu'aux Princes celui de commander ; de preſcrire à ceux-là les regles qu'ils doivent ſuivre dans leur état de dépendance, que de montrer à ceux-ci les ſages maximes qui doivent les guider dans l'usage de leur autorité ?

Qu'on parcoure toutes les Histoires, & l'on se convaincra aisément que le bonheur des peuples, la tranquilité, la puissance, la gloire & la grandeur des Etats ont toujours eu pour base & pour principe les vertus des Souverains. Les maitres du monde veulent-ils des sujets vertueux ? C'est à eux à les faire : rien ne leur est plus facile, qu'ils soient vertueux eux-mêmes. Leur exemple fait loi, leur conduite est un modele qu'on se fait gloire d'imiter. Ils sont comme la source du bien & du mal ; & une source infectée peut-elle ne pas corrompre les ruisseaux qui en découlent ?

Si les lumieres, la droiture, le zele du bien public, si en un mot la vertu préside à leurs démarches ; le respect, l'amour, la vertu à son tour dirige l'obéissance des inférieurs. Peres de leurs peuples, ils ne trouvent dans eux que des fils tendres, respectueux & dociles. Que les Princes sont puissans, lorsqu'ils possedent les cœurs de leurs sujets ! Que les sujets sont heureux quand ils ne peuvent refuser leurs cœurs à leurs Princes ! Douce nécessité qui force les inférieurs à payer ce tribut précieux à ceux que le Ciel a placés au-dessus de leurs têtes ! Mais ce tribut ne se commande pas, il faut le mériter. L'autorité n'a sur lui aucun droit, & sans lui l'autorité n'est qu'un poids incommode & chancelant dans les mains de ceux qui en sont les dépositaires.

Un Souverain est-il dépourvu des qualités propres du trône ? Le sceptre en ses mains est un glaive dans celles d'un aveugle. En a-t-il de contraires ? C'est le glaive dans les mains d'un furieux. A Dieu ne plaise qu'on prétende par cette comparaison autoriser la rébellion des peuples, ni leur suggerer le criminel dessein de faire tomber le sceptre des mains qui peuvent être incapables ou indignes de le porter. Alors même soumis & dociles, il ne leur est permis que d'adresser leurs vœux & leurs gémissemens au Ciel, de se plaindre avec respect, & d'adorer les vues de la Providence sur eux.

Mais ce qu'on veut faire sentir, c'est l'obligation indispensable où sont les Souverains d'acquérir les lumieres & les qualités essentielles pour une sage administration, & en général, l'importance d'un ouvrage qui leur mette sous les yeux les maximes principales qui doivent faire la regle de leur conduite. C'est ce qu'on a essayé de faire dans celui-ci que l'auteur a entrepris pour l'interêt seul de la vérité, de l'humanité & du bien public. Dans cette vue, il s'est attaché à recueillir dans ses lectures, les plus importantes maximes qu'il a crû propres à son dessein. Convaincu de son peu de capacité, il s'est fait une loi de ne rien dire par lui-même; il s'est contenté de faire parler des personnages d'un plus grand poids. Mais persuadé que la vérité & la raison sont de tous les tems & de tous les lieux, il a puisé dans toutes les sources. Anciens, modernes, compatriotes, étrangers, connus & inconnus, imprimés, manuscrits, tout lui a servi: tout ce qui s'est présenté sur sa route, il l'a mis à contribution, & dans les propres termes des auteurs qu'il a copiés. Cet ouvrage doit paroître d'autant plus important, que c'est ici un corps de maximes générales de saine administration, & comme un code universel que les Souverains pourront consulter à tous momens, & qui servira comme de préservatif au Machiavelisme si fort à la mode. C'est le but de l'auteur de cette collection. Ainsi il reprouve & condamne hautement toute interprètation qui ne seroit pas relative à cette idée, étant intimément convaincu qu'on ne peut sans crime ne respecter pas assez, ou essayer d'ébranler les principes du Gouvernement sous lequel on a le bonheur de vivre.

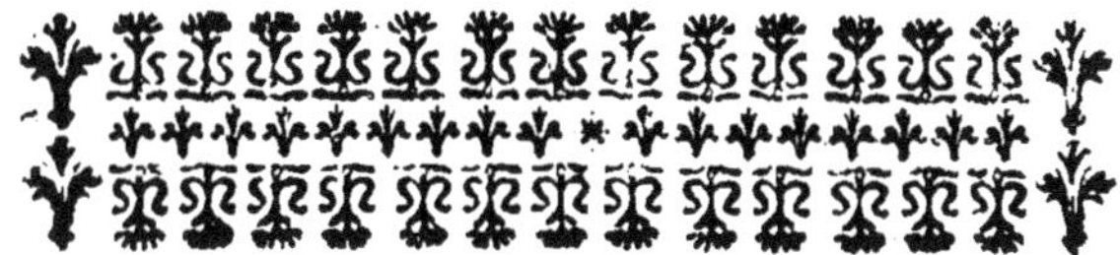

MANUEL DES SOUVERAINS.

I.

De l'origine & de l'usage de l'autorité Royale. De la nécessité d'observer les Loix.

1. TOUTES les Nations ne sont que les différentes familles d'une même République, dont Dieu est le Pere commun. La loi naturelle & universelle, selon laquelle il veut que chaque famille soit gouvernée, est de préférer le bien public à l'interêt particulier.

Si les hommes suivoient exactement cette loi naturelle, chacun feroit par raison & par amitié ce qu'il ne fait à present que par crainte ou par interêt. Mais les passions malheureusement nous aveuglent, nous corrompent, & nous empêchent ainsi de connoître & d'aimer cette grande & sage loi. Il a fallu l'expliquer & la faire exécuter par des loix civiles; & par conséquent établir une autorité suprême, qui jugeât en dernier ressort, & à laquelle tous les hommes pussent avoir recours, comme à la source de l'unité politique & de l'ordre civil. Autrement il y auroit autant de gouvernemens arbitraires qu'il y a de têtes.

L'amour du peuple, le bien public, l'interêt général de la société est donc la loi immuable & universelle des Souverains. Cette loi est antérieure à tout contrat. Elle est fondée sur la nature même. Elle est la source & la regle sure de toutes les autres loix. Celui qui gouverne, doit être le premier & le plus obéissant à cette loi primitive. Il peut tout sur les peuples; mais cette loi doit pouvoir tout sur lui. Le pere commun de la grande famille ne lui a confié ſes enfans, que pour les rendre heureux. Il veut qu'un ſeul homme ſerve par ſa ſageſſe à la félicité de tant d'hommes ; & non que tant d'hommes ſervent par leur miſere, à flatter l'orgueil d'un ſeul. Ce n'eſt point pour lui-même que Dieu l'a fait Roi. Il ne l'eſt que pour être l'homme des peuples : & il n'eſt digne de la Royauté, qu'autant qu'il s'oublie réellement lui-même pour le bien public.

Le deſpotiſme tirannique des Souverains eſt un attentat ſur les droits de la fraternité humaine. C'eſt renverſer la grande & ſage loi de la nature, dont ils ne doivent être que les conſervateurs. Le deſpotiſme de la multitude eſt une puiſſance folle & aveugle qui ſe force contre elle-même. Un peuple gâté par une liberté exceſſive, eſt le plus inſuportable de tous les tirans. La ſageſſe de tout Gouvernement, quel qu'il ſoit, conſiſte à trouver le juſte milieu entre ces deux extrémités affreuſes, dans une liberté modérée par la ſeule autorité des loix. Mais les hommes aveugles & ennemis d'eux-mêmes, ne sçauroient se borner à ce juste milieu. Triste état de la nature humaine ! Les Souverains, jaloux de leur autorité, veulent toujours l'étendre. Les peuples, passionnés pour leur liberté, veulent toujours l'augmenter. Il vaut mieux cependant souffrir pour l'amour de l'ordre, les maux inévitables dans tous les états, même les plus reglés, que de secouer le joug de toute autorité, en se livrant sans cesse aux fureurs de la multitude, qui agit sans regle & sans loi. Quand l'autorité Souveraine est donc une fois fixée par les loix fondamentales, dans un seul, dans peu, ou dans plusieurs, il faut en supporter les abus, si l'on ne peut y remédier par des voies compatibles avec l'ordre.

Toutes ces sortes de Gouvernemens sont nécessairement imparfaits, puisqu'on ne peut confier l'autorité suprême qu'à des hommes. Et toutes sortes de Gouvernemens sont bons, quand ceux qui gouvernent, ſuivent la grande loi du bien public. Dans la théorie, certaines formes paroiſſent meilleures que d'autres; mais dans la pratique, la foibleſſe ou la corruption des hommes, ſujets aux mêmes paſſions, expoſent tous les états à des inconvéniens à peu près égaux. Deux ou trois hommes entrainent toujours le Monarque ou le Sénat.

On ne trouvera donc pas le bonheur de la ſociété humaine, en changeant & en bouleverſant les formes déja établies; mais en inſpirant aux Souverains, que la ſureté de leur Empire dépend du bonheur de leurs Sujets, & aux peuples, que leur ſolide & vrai bonheur demande la ſubordination. La liberté ſans ordre eſt un libertinage qui attire le deſpotiſme. L'ordre ſans la liberté eſt un eſclavage qui ſe perd dans l'Anarchie.

D'un côté, on doit apprendre aux Princes que le pouvoir ſans bornes eſt une fréneſie, qui ruine leur propre autorité. Quand les Souverains s'accoutument à ne connoître d'autres loix que leurs volontés absolues, ils sappent le fondement de leur puissance. Il viendra une révolution soudaine & violente, qui loin de modérer leur autorité excessive, l'abattra sans ressource.

D'un autre côté, on doit enseigner aux peuples, que les Souverains étant exposés aux haines, aux jalousies, aux bévues involontaires qui ont des conséquences affreuses, mais imprévues, il faut plaindre les Rois & les excuser. Les hommes sont à la vérité malheureux d'avoir à être gouvernés par un Roi qui n'est qu'ün homme semblable à eux: car il faudroit des Dieux, pour redresser les hommes; mais les Rois ne sont pas moins infortunés, n'étant qu'hommes, c'est-à-dire foibles & imparfaits, d'avoir à gouverner cette multitude inombrable d'hommes corrompus & trompeurs.

Par ces maximes également convenables à tous les états, & en conservant ainsi la subordination des Rois, on peut concilier la liberté du peuple avec l'obéissance dûe aux Souverains, & rendre les hommes tout ensemble bons citoyens & fideles sujets, soumis sans être esclaves, & libres sans être éffrenés. Le pur amour de l'ordre est la source de toutes les vertus politiques, aussi-bien que de toutes les vertus divines.

« Enfant de S. Louis, „ disoit M. l'Archevêque de Cambrai à son illustre Eleve dans une de ses Lettres, « imitez votre Pere, soyez comme « lui doux, humain, accessible, « affable, compatissant & libéral. « Que votre grandeur ne vous em- « pêche jamais de descendre avec « bonté jusqu'aux plus petits, pour « vous mettre à leur place; & que « cette bonté n'affoiblisse jamais, « ni votre autorité, ni leur respect. « Etudiez sans cesse les hommes. « Apprenez à vous en servir, sans « vous lier à eux. Allez chercher le « mérite jusqu'au bout du monde. « D'ordinaire il demeure modeste « & reculé. La vertu ne perce point « la foule. Elle n'a ni avidité ni « empressement. Elle se laisse ou-

“ blier. Ne vous laiſſez point obſé- “ der par des eſprits flatteurs & in- “ ſinuants. Faites ſentir que vous “ n'aimez ni les louanges ni les baſ- “ ſeſſes. Ne montrez de la confian- “ ce, qu'à ceux qui ont le courage “ de vous contredire avec reſpect, “ & qui aiment mieux votre répu- “ tation, que votre faveur.

“ Il eſt tems que vous montriez “ au monde une maturité & une “ vigueur d'eſprit, proportionnées “ au beſoin préſent. S. Louis à vo- “ tre âge étoit déja les délices des “ bons & la terreur des méchans. “ Laiſſez donc tous les amuſemens “ de l'âge paſſé. Faites voir, que “ vous penſez & que vous ſentez ce “ qu'un Prince doit penſer & ſen- “ tir. Il faut que les bons vous ai- “ ment, que les méchans vous crai- “ gnent & que tous vous eſtiment. “ Hâtez-vous de vous corriger, “ pour travailler utilement à corri- “ ger les autres.

“ La piété n'a rien de foible, ni “ de triſte, ni de gêné. Elle élargit “ le cœur. Elle eſt ſimple & aima-

“ ble. Elle ſe fait tout à tous, pour
“ les gagner tous. Le Royaume de
“ Dieu ne conſiſte pas dans une ſcru-
“ puleuſe obſervation de petites for-
“ malités, il conſiſte pour chacun
“ dans les vertus propres à ſon état.
“ Un grand Prince ne doit pas ſer-
“ vir Dieu de la même façon qu'un
“ ſolitaire, ou qu'un ſimple parti-
“ culier.

“ S. Louis s'eſt ſanctifié en grand
“ Roi. Il étoit intrépide à la guerre,
“ déciſif dans ſes conſeils, ſupérieur
“ aux autres par la nobleſſe de ſes
“ ſentimens, ſans hauteur, ſans pré-
“ ſomption, ſans dureté. Il ſuivoit
“ en tout les véritables interêts de
“ ſa Nation dont il étoit autant le
“ Pere que le Roi. Il voyoit tout
“ de ſes propres yeux dans les affai-
“ res principales. Il étoit apliqué,
“ prévoyant, moderé, droit & ferme
“ dans les négociations; enſorte que
“ les étrangers ne ſe fioient pas
“ moins à lui que ſes propres ſujets.
“ Jamais Prince ne fut plus ſage
“ pour policer les peuples, & pour
“ les rendre tout enſemble bons &

« heureux. Il aimoit avec confiance & tendresse tous ceux qu'il devoit aimer ; mais il étoit ferme pour corriger ceux qu'il aimoit le plus. Il étoit noble & magnifique selon les mœurs de son tems, mais sans faste & sans luxe. Sa dépense qui étoit grande, se faisoit avec tant d'ordre, qu'elle ne l'empêchoit pas de dégager tout son Domaine. Soyez héritier de ses vertus, avant que de l'être de sa Couronne. Invoquez-le avec confiance dans vos besoins. Souvenez-vous, que son sang coule dans vos veines, & que l'esprit de foi qui l'a sanctifié, doit être la vie de votre cœur. Il vous regarde du haut du Ciel où il prie pour vous, & où il veut que vous regniez un jour en Dieu avec lui. Unissez votre cœur au sien. *Conserva, fili mi, præcepta patris tui.*

« Sur toutes choses, ne forcez jamais vos sujets à changer leur Religion. Nulle puissance humaine ne peut forcer le retranchement impénétrable de la liberté du

« cœur. La force ne peut jamais « persuader les hommes : elle ne fait « que des hipocrites. Quand les « Rois se mêlent de Religion, au « lieu de la proteger, ils la mettent « en servitude. Accordez à tous la « tolérance civile. Non, en approu- « vant tout comme indifférent, mais « en souffrant avec patience tout ce « que Dieu souffre, & en tâchant « de ramener les hommes par une « douce persuasion.

Considerez attentivement quels sont « les avantages que vous pou- « vez tirer de la forme du Gou- « vernement de votre pays, & des « égards que vous devez avoir pour « votre Sénat. Ce Tribunal ne peut « rien sans vous ; n'êtes-vous pas « assez puissant ? Vous ne pouvez « rien sans lui ; n'êtes-vous pas heu- « reux d'être libre pour faire tout « le bien que vous voudriez, & d'a- « voir les mains liées quand vous « voudriez faire du mal ? Tout Prin- « ce sage doit souhaiter de n'être « que l'exécuteur des loix, & d'a- « voir un conseil suprême qui mo-

« dere ſon autorité. L'autorité Pa« ternelle eſt le premier modele des « Gouvernemens. Tout bon Pere « doit agir de concert avec ſes en« fans les plus ſages & les plus ex« périmentés. „ *M. de Fenelon ſupplément aux directions pour la conſcience d'un Roi.*

11. Dieu a établi les Rois, pour veiller au bien de leurs ſujets, & non pour ſacrifier ce bien là à leurs paſſions particulieres. Quand il s'en eſt trouvé d'aſſez malheureux pour mériter par leur conduite que la providence de Dieu les abandonnât; les Hiſtoires ſont pleines des révolutions & des miſeres qu'ils ont attirées ſur leurs Perſonnes & ſur leurs Etats. C'eſt pourquoi je vous dis hardiment qu'il n'eſt plus tems d'héſiter, & quoique vous ſoyez le Maître en certain ſens de faire ce que bon vous ſemble; néanmoins vous devez rendre compte à Dieu pour faire votre ſalut, & au monde pour le ſalut de votre gloire & de votre réputation. Car quelque choſe que vous faſſiez, il en jugera ſelon

que

que vous lui en donnerez occasion. *Lettres du Cardinal Mazarin*, *Lettre V. pag.* 18.

III. Un Prince, à proprement parler, est dans un état ce que le cœur est à l'égard de toutes les parties du corps. Si le cœur est malade, tout le corps s'en ressent incontinent; de même s'il y a quelque partie du corps qui le soit, le cœur en souffre à l'heure même. Il faut donc pour établir une santé parfaite, que le cœur & toutes les parties soient d'accord ensemble, & qu'ils fassent si bien leurs fonctions, qu'ils s'entr'aident mutuellement. Il en est de même d'un Prince & de son Etat; il faut qu'il y ait une harmonie parfaite entre lui & ses Sujets, & il est le mobile de toutes leurs actions, comme le cœur l'est de toutes les parties du corps; il faut aussi qu'il reçoive du secours d'eux, pour faire fleurir son autorité & pour leur conserver le repos, comme le cœur a besoin du secours des parties qui lui répondent, pour se maintenir dans un état vigoureux, & tel qu'il doit être pour les faire jouir de la même vigueur.

Si cette vérité est incontestable, comme il n'en faut pas douter, c'est à un Prince à faire réussir cette harmonie qui dépend uniquement de lui, puisque les peuples ne lui désobéiront jamais, tant qu'il établira son regne sur la justice. Or, le moyen d'être juste, c'est de les aimer chacun en son droit, & ne pas souffrir que le fort opprime le foible. *Testament politique de M. Colbert.*

IV. Le devoir d'un Prince n'est autre que de se conformer aux loix, d'obliger les autres à s'y conformer; de veiller pour le bonheur public, de consulter le bien du corps de la Nation & des Particuliers; de prévenir l'oppression & de la châtier; de favoriser les progrès de la vertu & de la récompenser; de se considérer comme destiné à protéger les peuples, & non pas de regarder les peuples comme faits pour son plaisir, parce que là où ses Sujets ne recueillent aucun avantage, il ne sçauroit recueillir aucune gloire non plus ; de fortifier l'obſervation des loix par ſon propre exemple, comme par ſes déciſions ; & par un ſoin fidele & attentif de ſes Sujets, d'en mériter l'affection & la fidélité. *Omnia inviſere, omnia audire, & undecumque invocatum ſtatim velut numen adeſſe & aſſiſtere.* C'eſt ainſi qu'il doit ſe rendre ſemblable à la Divinité, dont il ne ſçauroit être l'image qu'en faiſant des actes de piété. Ce n'eſt pas aſſez qu'il faſſe des choſes innocentes ; qu'il s'abſtienne de ce qu'il y a de mauvais & de bas ; il ne doit rien faire qui ne ſoit vertueux, élevé & animé de l'amour du public. Il doit finir & déteſter les artifices ſordides & bas. Celui qui repréſente le tout-Puiſſant, qui eſt le conſervateur des loix & de la vie des hommes, doit être juſte, obſerver les loix & tâcher de reſſembler à ſon Créateur, à ſon Souverain. Comment peut-il & oſe-t'il faire du tort, ou négliger ceux pour l'amour de qui il eſt ce qu'il eſt, "*Celui qui eſt* " *au-deſſus de tous, devroit être meil-*

" *leur que tous.* „ C'étoit la maxime noble & sage de Cyrus. *Un Roi en tant que Roi, n'a rien proprement sien : il se doit soi-même à autrui. La Jurisdiction ne se donne point en faveur du Jurisdiciant ; c'est en faveur du Jurisdicié.* Ce sont les termes de Montagne. Il ajoute qu'un supérieur est établi non pas pour son propre avantage, mais pour celui de ses inférieurs, comme un medecin est établi pour les malades & non pour lui-même.

Un Prince tel que nous venons de le représenter, dont le but & l'ambition est le bien de ses Sujets, comme c'est véritablement son affaire, ne souhaitera point le pouvoir de leur nuire ; il n'en voudra point non plus, dont ses Ministres ou ses Successeurs puissent abuser au préjudice de ses Sujets. Quoiqu'un Prince sage & juste ne fasse un mauvais usage d'aucune autorité, il n'en ambitionne point qui soit sans bornes, parce que celle que les bons Princes ont eue, leurs Successeurs mauvais la réclament. Ainsi les bons

Princes se contentent d'un pouvoir limité, de peur que les mauvais n'en aient un excessif à l'avenir. Ils portent leurs vues au-delà de leur regne, & prennent des mesures pour faire que leurs Sujets soient heureux après leur mort. Cette considération aggrave terriblement le crime de l'usurpation & du renversement des loix d'un pays. Quoique celui qui le commet, ait de bonnes qualités, & que peut-être il souhaite le bien public; cependant ceux qui doivent venir après lui, peuvent être des imbéciles, des insensés, des animaux ravissans.

Qu'un Prince soit revêtu d'un pouvoir sans bornes tant qu'on voudra, le but en est, ou doit être le bien de la Nation. Le Prince ne pouvant avoir l'autorité d'être méchant ou cruel, le pouvoir de détruire n'est pas donné, mais pris; & l'usurpation ne donne aucun droit. Les fantaisies déreglées d'un homme ne peuvent être le fondement d'une autorité reglée, d'un pouvoir légal. " *Il est difficile à celui dont la*

" *puissance n'a point de bornes, d'en met-* " *tre à ses passions*, a dit le sage *Marc* " *Aurele.* Les Empereurs Romains mêmes ne prétendoient point être au-dessus des loix, mais seulement au-dessus des formalités des loix. S'ils ont agi autrement, comme ils ont fait en général, ils ont donné le démenti à la vérité & aux protestations qu'ils ont faites. *Alexandre Severe* déclara que rien n'étoit si propre au pouvoir Souverain, rien ne le caractérisoit davantage que de se conformer aux loix. *Trajan* disoit que le Prince étoit si peu au-dessus des loix, qu'au contraire les loix étoient au-dessus du Prince. Il prêta le serment d'obéir aux loix, & il l'observa fidelement.

v. Sur quoi les Princes fondent-ils leur droit à la suprême autorité? Ce n'est pas sur leur volonté pure: car conséquemment tout homme qui a la force en main, auroit droit à l'autorité, auroit droit de faire tout ce que lui inspire sa force brutale. Si le bien public est le fondement général des loix, les loix sont la regle & les limites de l'autorité du Souverain. Les Princes à qui tous les hommes ſont & devroient être ſoumis, ſont ceux qui ſont chargés de l'exécution des loix, & du ſoin de la conſervation de tous les hommes. Si les loix ſont pour la ſureté de l'Etat, pourquoi le Prince ne les obſerveroit-il pas, lui à qui la garde de l'Etat eſt confiée ? Les Empereurs Romains dans leurs actions tiranniques mêmes, prétendoient obſerver les loix ; & c'étoit ſous le nom de quelque loi, qu'ils commettoient la plus grande partie de leurs cruautés. Ils n'oſoient pas violer les loix ouvertement ; ainſi *Claude* fit ſcrupule d'épouſer *Agripine*, n'y ayant point de loi qui autoriſât le mariage de l'Oncle avec la Niece ; il n'oſa pas accomplir ce mariage juſqu'au décret du Sénat qui fut expédié pour cet effet. C'eſt ainſi que le barbare *Neron* même ſe comporta, en exterminant quelques perſonnes de la premiere diſtinction. Il les fit maſſacrer avec les formalités, & en dériſion de la loi.

VI. La plus grande gloire d'un Prince est de se conduire selon les regles, selon la juste mesure de l'équité & des loix; car pour bien gouverner, il faut des talens, de la valeur & de la vigilance. Un homme sans expérience, un sauvage peut faire éclater ses passions brutales, suivre ses fantaisies ridicules & se livrer à sa volonté bourrue: mettre tout sans dessus dessous, faire du mal & du désordre pour satisfaire à des appetits dereglés, c'est la chose la plus aisée du monde. Un furieux ou un insensé peut être un habile tiran, & c'est à quoi les furieux & les insensés aspirent le plus. La Bruyere dit, « qu'il ne faut ni art ni science « pour exercer la tirannie; & la po« litique qui ne consiste qu'à répan« dre le sang, est fort bornée, & de « nul rafinement; elle inspire de « tuer ceux dont la vie est un obsta« cle à notre ambition; un homme « né cruel fait cela sans peine. C'est « la maniere la plus horrible & la « plus grossiere de se maintenir ou de « s'aggrandir. » Il est certain qu'un esprit de travers, & un mauvais cœur avec la figure humaine semblent être les principales qualités pour faire un tiran.

VII. Un pouvoir illimité est généralement suivi d'une oppression illimitée ; & comme on abuse de toute autorité dont un peut abuser, il n'y a qu'un insensé, ou qu'un méchant homme qui souhaite une autorité despotique : il n'en peut recueillir d'autre fruit que le crime & la haine publique, & ses sujets autre chose que la misere & le pillage de leurs biens. Quelle autre marque peut-on avoir d'une ame basse ; quel plus détestable caractere & plus opposé aux fonctions & au devoir d'un Pere du peuple, que de considérer ses Sujets comme une possession, & non comme un dépôt. Comme si des millions d'hommes avoient été crées pour la grandeur de l'un d'entr'eux, souvent le pire, un tiran étant sans doute la pire de toutes les créatures qui sont sous sa domination ; la seule haleine de la tirannie fletrit tout, détruit ce qu'il y a de meilleur ; & la vertu non plus que la félicité ne ſçauroient ſubſiſter devant elle, ou à portée de ſes atteintes.

VIII. Henri IV. Roi de France diſoit ſouvent, " *que pour regner comme " il faut, il n'eſt pas à propos de faire " tout ce qu'on peut.* „ C'eſt une maxime digne du bon ſens, & de la magnanimité de ce bon Prince. Il faiſoit ce qu'il diſoit. Il écoutoit toujours avec beaucoup de patience les Remontrances de ſes Sujets & des Parlemens ; il n'avoit point la mauvaiſe honte de changer de ſentiment, & de ceder quelques points de ſes prérogatives ; il n'aimoit point à entendre les flatteurs exalter ſon autorité, ou montrer trop d'attachement pour les privileges de la Royauté ; il avoit du dégout pour les louanges de ceux qui n'en méritoient aucune ; ne ſouffroit point que les Provinces fuſſent foulées pour enrichir des particuliers. Il reconnoiſſoit qu'il ne différoit en rien de ſes Sujets, n'ayant que deux yeux & deux piés non plus qu'eux.

Il dit à une assemblée de la Noblesse de Normandie à Rouen, qu'il les avoit appellés non pour leur imposer une obéissance aveugle à ses volontés & à son bon plaisir, mais pour recevoir leurs avis, pour y mettre sa confiance & les suivre. Voila le langage d'un homme plein de sens & d'honneur.

IX. Les loix sont pour les Princes mêmes, les meilleurs guides, & la meilleure garde qu'ils puissent avoir. La plupart des gens sont portés à les flatter, & peu à leur dire la vérité. Qu'ils aient recours pour s'instruire, aux loix, conseillers qui ne sçauroient ni les flatter ni les tromper comme les favoris en sont capables. Les imposteurs disent aux Princes qu'ils " *peuvent faire ce qu'ils* " *veulent*. „ Et ils sçavent appuyer ce mensonge horrible par un autre également impie qui est que " c'est " l'ordre de Dieu. Les loix lui di- " ront que tout ce qu'il fait, doit " être pour le bien des peuples, " qu'il n'a aucun droit de leur faire " du mal, qu'il n'a de pouvoir que

« celui qui lui a été donné, li-
« mité par des reglemens composés
« par la sagesse des hommes, pour
« leur sureté & la sienne; que c'est
« pour leur tranquilité & non pas
« pour son indolence ou son orgueil
« qu'il est établi au-dessus d'eux.
« S'il rompt ses liens, s'il viole le
« dépôt qui lui a été confié, il se
« rend l'ennemi des hommes & celui
« de Dieu, dont il ne doit plus atten-
« dre de faveur, parce que devant
« Dieu Pere commun des hommes,
« & qui ne fait acception de per-
« sonne, nul n'est ni haut ni bas
« qu'à proportion de sa sainteté ou
« de son impiété; & celui qui fait
« tort aux hommes, & qui les trahit,
« est manifestement le pire de tous.,,

x. Qu'un Prince juge lui-même qui peut l'instruire le mieux, ou le flatteur la peste des cours, ou les loix. (Les flatteurs, les plus vils, sont tous ceux qui disent à un Prince qu'il peut renverser les loix.) Que le Prince juge de ce qui peut le conduire avec plus de vraisemblance à la justice, & lui procurer l'a-mour

mour du public, qui lui peut acquérir plus d'honneur & de réputation, plus de tranquilité pendant sa vie, & plus de louanges après la mort : qu'il décide en lui-même s'il aime mieux être un Néron gouverné par ses parasites & ses convoitises, détesté comme un tiran, condamné à être l'horreur du Genre-Humain dans tous les siecles ; ou un *Titus* qui faisant de la justice & des loix les fondemens de son administration, fut appellé les délices du Genre-Humain pendant son regne, & a été jugé digne de conserver cet aimable titre pendant tous les siecles qui se sont écoulés depuis. Le nom d'un Prince est couvert de gloire ou d'ignominie à proportion de l'excellence ou de la méchanceté de son regne.

Quoi de plus délicieux pour un Prince que d'être assuré qu'il sera adoré après sa mort. Quoi de plus choquant que de prévoir que sa personne sera abhorrée, ou que sa mémoire tombera dans le mépris. C'est dans la mémoire des hommes qu'il doit songer à élever le monument le plus durable de sa gloire. Heureux s'il peut le faire aussi dans leur affection ! *Mihi in animis vestris templa; hæc Pulcherrimæ effigies & mansuræ.* Ce sont là les inscriptions, les caracteres qui ne sçauroient être effacés, panégiriques qui ne sçauroient mentir, honneurs qui ne périssent point, au-dessus du pouvoir du tems, de la mort & de la malignité : *In quos nihil flammis, nihil senectuti, nihil successoribus liceat*; honneurs enfin tels que Pline les promit à Trajan, dont cet Empereur jouit encore & jouira à jamais.

XI. On ne peut trop répéter aux Rois ces vérités, d'après la politique sacrée de M. Bossuet. *Ils commandent à des hommes libres & non à des esclaves. Et si nos Princes ne peuvent jamais être sujets aux peines des loix, ils n'en sont pas moins soumis de droit aux loix.* Ils ne peuvent donc pas contre le vœu de leurs Sujets établir de nouvelles loix, ou renverser les anciennes. Il faut que ces Sujets y consentent ; & alors ils ne jugeront pas, car ils ne condamneront n'y n'absoudront ; ils ne disposeront d'aucun patrimoine, si ce n'est peut-être du leur propre, quand il est question d'impôts. Mais au lieu de juger, ils consentiront à la nouvelle loi, s'ils en sentent la justice & qu'elle ne contredise point les anciennes, ou bien ils refuseront avec respect leur suffrage, & démontreront toutes les raisons de ce refus.

Insisteroit-on encore en disant, lorsqu'il est question d'arbitrer si telle loi est juste ou non, si telle entreprise sous le nom du Roi est le cas d'une exception légitime à la regle, ou une véritable infraction, alors il n'est point d'arbitre entre le Roi & le Parlement ; le Roi n'a plus de ressource, & il perdra toujours sa cause?

Non, il l'a gagnera ; car c'est la gagner pour un Prince que de voir toujours dans sa vigueur la constitution de l'Etat, le plus ferme soutien de son trône. Mais disons plutôt qu'il n'y a jamais de cause véritable entre le Roi & ses Sujets. La

Patrie les présume toujours unis & ne faisans qu'une seule volonté. Ainsi en pareille occasion, l'opinion du Prince n'aura pas entrainé sa Nation & voila tout. Il s'agissoit d'une loi nouvelle ou de changer l'ancien ordre de l'Etat, un peuple libre s'est refusé à ce changement ; mais après cela le chef de l'Etat n'a-t'il pas comme auparavant toutes ses prérogatives ? Ne retrouve-t'il pas en tout ce qui est d'administration, ce pouvoir prompt & arbitraire dans des bornes que la constitution de la Monarchie Françoise a bien plus reculées qu'en Angleterre ; parce qu'un pouvoir aussi étendu n'est pas moins salutaire aux François, relativement à leur génie, que l'est au Prince la nécessité du concours libre de ses Sujets pour élever au rang des loix les volontés concertées dans un conseil privé, & quelquefois entre un Ministre seul & son Maître.

XII. Toutes les loix se tiennent & se concentrent dans une même fin, le bonheur d'une Nation. Tel eſt le but de la légiſlation de chaque état. C'eſt pour y parvenir ſelon leur génie, que les François ont voulu par deſſus tout aſſurer par leurs loix. 1°. La ſouveraine autorité de leur Roi dans l'adminiſtration légale de l'Etat, & la fortune de ce même Souverain garantie par la ſucceſſion agnatique, & par l'inaliénabilité de ſon Domaine. 2°. La liberté légitime des Sujets, ce qui comprend la ſureté de leurs propriétés & revenus, auſſi-bien que celle de leur honneur & de leur vie. Mais qui peut diſconvenir que tous ces objets protegés par les loix ne ſont jamais plus expoſés que ſous des Gouvernemens foibles ? Le propre d'une Minorité ou d'un Gouvernement foible eſt que le miniſtere toujours en danger d'une chûte prochaine par la fatalité d'un terme qui s'avance, ou par l'inſtabilité du Maître, fait tout ce qui eſt en lui, ſoit pour s'enrichir, ſoit pour s'acquérir de nouvelles créatures qui l'aident à perpétuer ſa puiſſance. Or les Miniſtres ou un Régent ne peuvent remplir l'un ou l'autre de ces points de vue, qu'en ſurchargeant le peuple, opprimant pluſieurs citoyens, & violant à chaque inſtant différentes ſortes de loix. Car toutes les loix ont concouru à tracer un cercle autour du Souverain; & ceux qui diſpoſent de ſon pouvoir, n'abuſeront jamais pour eux de ce pouvoir ſans ſortir de ce cercle ſuffiſant pour remplir les deſirs d'un Roi moderé, mais inſuffiſant pour fournir à l'avidité des Miniſtres & de leurs créatures.

XIII. Ce n'eſt pas aſſez pour un Prince de ſoulager la miſere des particuliers: car un particulier en peut ſoulager, & même enrichir beaucoup d'autres, auſſi-bien que lui, comme il ſe voit tous les jours dans ces créatures que font les favoris. Mais quand il arrive quelque diſgrace publique, quelque peſte, quelque famine, quelque embraſement de Ville, c'eſt alors qu'il y a lieu de diſtinguer ſon pouvoir de celui de ſes plus riches Sujets. C'eſt dans ces occurrences, qu'il peut devenir le Roi de leurs cœurs, comme il l'eſt de leurs corps. Alors il n'a plus de rival, ni de compétiteur, qui puiſſe l'égaler en bienfaits, où conſiſte le plus grand avantage des Rois, diſoit un Lacédemonien. Tibere ſçavoit bien profiter de ces occaſions. Quand un tremblement de terre renverſa douze des principales Villes de l'Aſie, il les déchargea pour cinq ans de tous les impôts qu'elles payoient, & donna même à quelques-unes qui avoient été plus endommagées que les autres, de groſſes ſommes de deniers. Ce qui porta ſa renommée par tous les coins de l'Empire. *M. Amelot de la Houſſaye; Tibere.*

Heureux le Prince dont le tonnerre ſémblable à celui du Createur, ne s'allume que pour venger les crimes, ou pour effrayer les coupables! Heureux le Prince qui ne ſe prête aux horreurs de la Guerre que pour procurer au monde une paix plus ſolide & plus durable! Quoiqu'il en coute à ſa valeur, il veut que cette paix précieuſe ſoit le fruit de ſes victoires, comme elle en a toujours été l'objet. Auſſi le Dieu des armées veille ſur ſes légions, éclaire ſes projets, bénit ſes entrepriſes. Il eſt l'admiration de ſes ennemis, comme il en eſt la terreur. S'il a ſur ſes Sujets toute l'autorité d'un Souverain, il a auſſi pour eux toute la tendreſſe d'un pere. Et de quel retour cette tendreſſe n'eſt-elle pas payée ? Avec quelles allarmes ne partagent-ils pas ſes dangers ? Avec quels raviſſemens n'applaudiſſent-ils pas à ſes ſuccès ? Les ſentimens de la Nation ſont pour le Prince le triomphe le plus cher & le plus beau. Il met ſa gloire à être LE BIEN-AIMÉ des ſiens. Ce nom que leur tendreſſe leur a dicté, il l'a adopté avec joie, avec reconnoiſſance. Gravé ſur l'airain & encore plus dans les cœurs, ce beau nom, de tous les noms le plus grand, parce qu'il eſt le plus glorieux au Monarque, ſera tranſmis à la derniere poſtérité.

C'eſt ainſi que les vrais Héros ſeront immortels. Le tombeau qui engloutira leur ſceptre, reſpectera leurs bienfaits. Ces bienfaits leur ſurvivront, ils ſe perpetueront de bouche en bouche, & les derniers humains ſeront comme les premiers, témoins de leur gloire.

XIV. Les Princes ſont très-ſouvent comparés à Dieu, & véritablement ils ſont des Dieux corporels, comme dit Vegece, *Imperatori tanquam præſenti & Corporali Deo fidelis eſt præſtanda devotio.* Dieu même leur donne ce nom, *ego dixi, Dii eſtis.* Mais ce glorieux nom les doit faire ſouvenir de leur principal devoir, qui eſt de rendre la juſtice à leurs Sujets, & d'empêcher l'oppreſſion des pauvres. C'eſt l'ordinaire de ceux qui leur demandent des graces, de leur dire qu'ils ont un pouvoir abſolu, & qu'ils ſont l'image de la toute-Puiſſance Divine. Mais c'eſt par cette même raiſon, qu'ils ne leur doivent rien accorder que de juſte, pour ne pas défigurer cette image. C'eſt une grande foibleſſe à un Prince, de n'oſer refuſer juſtement ce que l'on oſe bien lui demander ſans avoir d'égard à la juſtice. Ce Roi là parloit en bon Prince, qui ſe voyant preſſé de tenir une promeſſe injuſte, dit qu'il ne pouvoit pas avoir promis une choſe qui n'étoit pas juſte. Charlequint ayant été averti qu'il avoit ſigné un privilege qui étoit contre l'équité, ſe le fit apporter & le déchira, diſant : *j'aime mieux mon ame que mon écriture.* Amelot de la Houſſaye, morale de Tacite pag. 27.

XV. Les Rois dont l'eſprit eſt foible & le cœur corrompu, qui ſont aveugles par les préjugés, enflammés par les paſſions, & dominés par l'amour propre & la préſomption, s'imaginent & ſe conduiſent de façon à faire croire à pluſieurs de leurs Sujets, que le Roi & la Nation ſont des puiſſances rivales, dont les interêts ne ſont pas les mêmes, & dont par conſéquent les vues doivent être différentes. Ils regardent les droits & les privileges de la Nation, comme des uſurpations ſur les droits & les prérogatives de la Couronne ; & les regles & les loix faites pour la sureté de leurs Sujets, comme des bornes à leur dignité & à leur pouvoir.

Un bon Prince en jugera autrement; il considerera la constitution de l'Etat comme une loi composée de deux tables, contenans les regles de son Gouvernement & la mesure de l'obéissance de ses Sujets; ou comme un sistême composé de différentes parties, sagement proportionnées les unes aux autres, & concourans par leur harmonie à la perfection du tout. Il fera cette seule distinction entre ses droits & ceux de son peuple. Il sentira que son droit se borne à ce qui lui est confié par la constitution de son Etat; en un mot il respectera la constitution de l'Etat, comme la loi de Dieu & de l'homme, dont la force le lie autant que ses moindres Sujets, & dont la raison l'enchaîne encore plus qu'eux.

Les Princes qui veulent suivre leur destination & entrer dans les desseins de Dieu, doivent donc s'appliquer, non à faire regner leur propre volonté, mais à faire regner la vérité & la justice, qui ont pour regle & pour principe la raison de Dieu même & sa volonté éternelle. S'ils sont sensibles à leurs véritables interêts, ils formeront leur conduite sur ce plan, qui n'est pas moins conforme à la bonne politique qu'à la Religion. En effet comme un Prince ne sçauroit établir sa puissance & son autorité, si d'une part il ne se fait aimer de ses Sujets, & de l'autre redouter de ses ennemis ; il faut nécessairement avouer que la justice & la vérité, qui seules peuvent lui procurer ces deux avantages, sont les plus fermes appuis du trône des Rois.

XVI. Ce n'est pas la noblesse de l'extraction qui fait un grand Prince ; Caligula, Claudius & Neron, qui étoient de race illustre, furent l'opprobre de l'Empire & de la famille des Cesars. Ce n'est pas non plus la longue étendue des Etats ; car au contraire c'est un fardeau qui ne sert qu'à montrer la foiblesse du Prince, & par conséquent à

le

le rendre méprifable, quand il n'eft pas capable de gouverner; témoin Galba, qui étant devenu Empereur perdit par fon infuffifance toute la réputation qu'il avoit acquife, tandis qu'il n'étoit que Gouverneur de Province. Un Prince n'eft jamais grand Prince, fi la grandeur de fon mérite ne va de pair avec celle de fa fortune. *Les Hiftoriens*, dit Machiavel, *louoient davantage Hiéron de Siracufe lorfqu'il n'étoit encore qu'homme privé, que Perfée tandis qu'il étoit Roi de Macedoine; parce qu'il ne manquoit rien qu'une Principauté à Hiéron, pour être Prince; au lieu que l'autre n'avoit rien d'un Roi, que fon Royaume.* Témoignage, que ce n'eft ni la naiffance Royale, ni la Royauté même, que la poftérité confidere dans un Prince, l'une & l'autre ne méritant point fon eftime, *nec ultra æftimatur;* mais la feule maniere dont il s'eft acquité d'un fi haut & fi difficile emploi. Et c'eft en ce fens que Tibere difoit, qu'il prioit les Dieux de lui donner jufqu'à la fin de fa vie un efprit tranquile, & toute l'intelligence néceſſaire du droit Divin & Humain, afin qu'après ſa mort, ſon nom & ſes actions fuſſent honorées du ſouvenir & de l'approbation de tous les peuples. Remarquez en paſſant qu'il dit au même endroit, qu'il ſe tiendra bien glorieux, ſi la poſtérité lui fait la juſtice de le reconnoître pour un Prince digne de ſes ancêtres, vigilant, conſtant dans les dangers, & zelé pour l'interêt Public, juſqu'à mépriſer l'envie & la haine; pour apprendre à ceux qui ſont nés Princes, que leur ambition doit être de ſe montrer dignes d'être nés tels, en faiſant des actions dignes de la mémoire de tous les ſiecles. Et c'eſt ce qu'Octave montre excellemment, lorſque ſa Mere & ſon beau-Pere le diſſuadant de ſe porter pour héritier de Jules-Ceſar ſon grand Oncle Maternel, il rejette leur Conſeil, diſant qu'il lui ſeroit honteux de ſe croire lui-même indigne d'une fortune dont il avoit paru digne à Ceſar, à qui d'ailleurs il aimoit mieux s'en rapporter qu'à eux qui ne connoissoient pas son courage. *Amelot de la Houssaye, morale de Tacite.*

I I.

Du choix des Ministres & des Flatteurs.

I. Les Princes ne sçauroient tout faire eux-mêmes, & sont obligés par conséquent de nommer des gens de confiance pour agir en leur nom, gens qui les avertissent de ce qu'il faut qu'ils sçachent : ce sont leurs Ministres & leurs Conseillers. C'est de leur choix prudent ou inconsideré que dépendent le crédit, la tranquilité, le deshonneur ou le danger du Souverain, de même que le salut ou le mauvais traitement des Sujets. Les Princes sages choisissent ceux qui leur ressemblent, il en est de même de ceux qui sont foibles ou vicieux. *Neron* avoit pour favori un *Tigellin*, la Reine Elizabeth un *Walsingham*, Trajan un *Pline*, Henri IV. Roi de France un Duc *de Sully*.

II. Il n'y a pas de meilleur appui

d'un regne juſte, que des Miniſtres équitables autour de la perſonne regnante. A la vérité ſi un Prince a pour but le renverſement des loix fondamentales, & qu'il veuille leur ſubſtituer un pouvoir arbitraire, il trouvera des inſtrumens propres à cet indigne ouvrage, des créatures dévouées à la pure volonté du Prince, dont la fortune & le conſeil ſont également deſeſperés; craints ou mépriſés, intereſſés, entreprenans ou témeraires; tels enfin qu'ils lui complairont en tout, & qu'ils dépendront entierement de lui. Mais un Prince qui s'applique au bien public, goutera ceux qu'il verra animés de l'amour du public. Connus par l'inclination qu'ils ont pour la patrie & ſes loix, ils ne déplairont jamais à celui dont le but eſt la conſervation de l'une & des autres. L'iniquité de ceux qui tiennent le premier rang dans un état, particulierement des Rois & des Miniſtres ne conſiſte pas ſeulement dans les crimes qu'ils commettent, & dans leurs conſéquences immédiates : leurs crimes ne doivent donc pas être mesurés par les maux actuels : ils pechent contre la postérité aussi-bien que contre leur siecle ; & quand les conséquences de leurs crimes cessent, celles de leurs exemples subsistent encore.

III. Ne vous laissez-vous point éblouir par certains hommes vains, hardis, & qui ont l'art de se faire valoir ; pendant que vous negligez & laissez loin de vous le mérite simple, modeste, timide & caché ? Un Prince montre la grossiereté de son gout, lorsqu'il ne sçait pas discerner combien ces esprits si hardis, & qui ont l'art d'imposer, sont superficiels & pleins de défauts méprisables. Un Prince sage & pénétrant n'estime ni les esprits évaporés, ni les grands parleurs, ni ceux qui décident d'un ton de confiance, ni les critiques dédaigneux, ni les mocqueurs qui tournent tout en plaisanterie. Il méprise ceux qui trouvent tout facile, qui applaudissent à tout ce qu'il veut, qui ne consultent que ses yeux ou le ton de sa voix pour deviner sa pensée, & pour l'approuver. Il recule loin des emplois de confiance, ces hommes qui n'ont que des déhors sans fond : au contraire il cherche, il prévient, il attire à soi les personnes judicieuses & solides, qui n'ont aucun empressement, qui se défient d'elles-mêmes, qui craignent les emplois, qui promettent peu & qui tâchent de faire beaucoup, qui ne parlent gueres & qui pensent toujours, qui parlent d'un ton douteux & qui sçavent contredire avec respect.

De tels Sujets demeurent souvent obscurs dans les places inférieures, pendant que les premieres sont occupées par des hommes grossiers & hardis, qui en ont imposé au Prince, & qui ne servent qu'à montrer combien il manque de discernement. Tandis que vous négligerez de chercher le mérite caché, & de réprimer les gens empressés & dépourvus de qualités solides, vous serez responsable devant Dieu de toutes les fautes qui seront faites par ceux qui agiront sous vous. Le metier d'adroit Courtisan perd tout dans un Etat. Les esprits les plus courts & les plus corrompus sont ceux qui apprennent le mieux cet indigne metier. Ce metier gâte tous les autres. Le Médecin néglige la médecine ; le Prélat oublie les devoirs de son ministere ; le Général d'Armée songe bien plus à faire sa cour qu'à défendre l'Etat : l'Ambassadeur négocie bien plus pour ses propres interêts à la Cour de son Maître, qu'il ne négocie pour les interêts de son Maître à la Cour où il est envoyé. L'art de faire sa cour gâte les hommes de toutes les professions, & étouffe le vrai mérite.

Rabaissez-donc ces hommes dont tout le talent ne consiste qu'à plaire, qu'à flatter, qu'à éblouir, qu'à s'insinuer pour faire fortune. Si vous y manquez, vous remplirez indignement vos places & le vrai mérite demeurera toujours en arriere. Votre devoir est de reculer ceux qui s'avancent trop, & d'avancer ceux qui demeurent reculés en faisant leur devoir.

IV. Un Prince devroit apporter autant de ſoin dans le choix de ſes amis que dans celui de ſes Miniſtres : s'il confie à ceux-ci les affaires de l'Etat, il confie ſon caractere aux autres, & ſon caractere dépendra d'eux, beaucoup plus qu'on ne le penſe communément. L'expérience générale conduit les hommes à juger, que c'eſt la reſſemblance du caractere qui détermine le choix, même lorſque le haſard, trop de de complaiſance pour les aſſiduités, un bon naturel, ou le manque de réflexions ſont les motifs qui ont introduit auprès du Prince, des gens indignes de ſa faveur. S'il prend dans ſa plus étroite intimité des créatures frivoles, des gens d'un caractere bas, ou qui n'en ont point du tout, il montre une diſpoſition à leur reſſembler, & il leur reſſemblera, à moins qu'il ne rompe ſes habitudes, avant que ſes amuſemens pueriles ne deviennent l'affaire principale de ſa vie. L'eſprit des Princes comme celui des autres hommes, prend inſenſiblement le ton de la compagnie qu'ils frequentent.

Une conséquence plus fâcheuse encore peut suivre, du peu de discernement des Princes dans le choix de leurs amis, & de leur peu d'attention sur leur conduite dans leur vie privée. Des Rois foibles se sont abandonnés à leurs Ministres, ont permis qu'ils demeurassent entr'eux & leur peuple, & n'ont formé aucun jugement, ni pris aucune mesure d'après leurs propres connoissances, se sont toujours soumis aveuglément aux représentations qui leur ont été faites par ceux à qui ils avoient cedé les Rennes du Gouvernement : des Rois d'une capacité supérieure se sont pareillement abandonnés à leurs Maîtresses & à leurs Favoris ; ils ont souffert qu'ils demeurassent entr'eux & leurs Ministres. Leurs jugemens ont été suggerés, & leurs mesures dirigées par les insinuations des femmes, ou par des gens qui par leur caractere & leur éducation méritoient aussi peu qu'elles, d'être écoutés dans les grandes affaires.

L'Hiſtoire eſt remplie de tels exemples tous triſtes, pluſieurs tragiques, & qui ſembleroient ſuffire pour engager les Princes, s'ils y faiſoient attention, à empêcher que les inſtrumens de leurs plaiſirs, & les compagnons de leurs heures de loiſir paſſaſſent les bornes de leurs emplois.

V. Faut-il que les Rois aient tant d'interêt d'entendre la vérité, & qu'il ſoit ſi dangereux de la leur dire ?

Envain regardent-ils comme un malheur néceſſairement attaché à la condition des Rois, de ne pas faire le bien qu'ils ſouhaitent, de faire le mal par ſurpriſe. La vérité ſi difficile à connoître & ſi néceſſaire à la juſtice, parviendroit juſqu'à eux, s'ils s'appliquoient à la chercher, s'ils l'aimoient autant que la flatterie.

Si le Roi ſe donnoit autant de ſoins pour connoître ceux qui l'approchent, qu'ils en prennent pour découvrir ſes foibleſſes; ſi entourré des eſclaves de ſes gouts & de ſes caprices, il ne dédaignoit pas d'avoir de véritables amis, il en trouveroit ſans doute qui l'aimeroient juſqu'à oſer le contredire, qui l'aimeroient mieux qu'il ne s'aime lui-même, plus qu'ils ne s'aiment eux-mêmes.

Il ne les trouvera pas ces amis généreux, parmi ceux que lui fait la fortune, qui tâchent par de ſades complaiſances, par un empreſſement forcé, par un zele affecté, de faire tomber ſur eux les récompenſes que d'autres ont méritées.

VI. Que les Rois ſont à plaindre! eux qui, preſqu'en poſſeſſion d'être regardé comme des Dieux, ſont ſi tentés d'oublier qu'ils ſont hommes; eux dont le rang déja ſi ſéduiſant par lui-même, convertit preſqu'en ſeducteurs tous ceux qui les approchent. Je vois cette Nation impie & cruelle accourir de toutes parts, & ſe raſſembler en foule autour de leur trône. Que le Prince conſidere, & leur nombre & les efforts qu'ils feront pour le ſéduire. Sa puiſſance eſt le plus grand objet qui puiſſe les animer : cet amas d'honneurs & de biens qu'elle renferme & qu'elle diſtribue , voila ce que ces inſenſés brulent de partager. Ils ne connoiſſent point d'autre bonheur que celui des paſſions : combien ne flatteront-ils point les ſiennes , dans l'eſpoir d'en faire une reſſource pour les leurs ? Il eſt perdu s'il les écoute avec plaiſir , s'il ſe livre à leurs conſeils & à leur conduite. Ses meilleures qualités mêmes ſerviront à leurs artifices & à leurs ſéductions.

Ils lui feront de ſon pouvoir ſouverain l'inſtrument des plus grandes injuſtices & des plus grands malheurs , parce qu'ils en feront un titre univerſel pour tout oſer & ne rien craindre. Ils lui en feront un titre pour ſe ſoumettre l'eſprit & la raiſon de ſes Sujets , ainſi que pour diſpoſer à ſon gré de leurs biens & de leurs vies. Ils lui en feront un droit inconteſtable pour exiger toutes ſortes d'hommages & de ſacrifices. Ils exagereront ce pouvoir , & le mettront, du moins en apparence, au-

deſſus

deſſus du pouvoir de tous les autres Princes. En le joignant à ſa capacité, ils le lui préſenteront comme un ſur garant de toutes les faveurs de la fortune, & de l'avenir le plus brillant.

Qu'oppoſera-t'il à de ſi puiſſantes illuſions ? La juſtice ? L'humanité ? La prudence ? Mais ils lui feront de ces vertus mêmes un ſujet de ſe raſſurer ſur les excès qu'ils lui inſpirent. Ils lui diront qu'avec un cœur & un eſprit comme le ſien, il ne peut être trop grand & trop puiſſant pour le bonheur du monde. Ils l'attaqueront par l'amour qu'il aura pour la gloire ; ils lui feront craindre de s'avilir & de reſter dans la foule des Princes ſans diſtinction, en ne ſuivant pas d'autres maximes que les leurs. Ils fortifieront leurs inſinuations de l'exemple des Rois les plus renommés dans l'Hiſtoire. Ils lui feront croire que la prudence ne connoit point de milieu entre une autorité qui ſe ſoutient à quelque prix que ce ſoit, & une autorité chancelante & mépriſable. Bientôt ils l'engageront dans des démarches qu'il ne pourra foutenir que par des principes fi outrés ; & ils lui en préfenteront des effais heureux & de fon gout, avec un foin extrême de lui en cacher les inconvéniens. Ainfi ils le forceront de ne connoître plus d'autre grandeur que celle de la puiffance & des richeffes : il ne fongera plus qu'à accroître cette grandeur au-dehors & au-dedans. Il voudra être un conquerant fameux & un Roi abfolu, fans aucune autre regle que fes defirs. Ainfi il ira attaquer des voifins qui ne l'ont point offenfé ; & de l'autre il épuifera des Sujets fideles, qui font toute fa force par leur obéiffance & par leurs fortunes particulieres.

Quelles feront les fuites d'une conduite fi fuperbe ? Il feroit à fouhaiter pour le bonheur même du Prince, que les revers confondiffent d'abord fes projets, parce que peut-être ils l'éclaireroient & le rendroient plus fage. Mais ils ne l'éclaireront pas s'il écoute fes flatteurs ; ils éteindront encore cette lumiere ; ils n'imputeront qu'à la fortune les mauvais évenemens ; ils le piqueront d'en triompher ; ils affoibliront par des mensonges les pertes & les défaites ; ils les couvriront des plus consolantes images de l'avenir ; ils suggereront pour les réparer, des moyens les plus violens ; ils proposeront, au défaut de la force, les plus honteuses & les plus horribles ressources de la fraude & de l'artifice.

Que si au contraire les succès sont tels que le Prince le desire, il n'en sera que plus imprudent, & plus malheureux, parce qu'il en sera plus flatté : il n'en sera que plus facile à croire ses flatteurs, dont les conseils seront en apparence justifiés. De combien de projets outrés, de vaines présomptions, d'espérances chimériques & d'éloges grossiers ne l'ennivreront-ils point ? Ce sera alors qu'ils décideront hardiment & à haute voix, que c'est le plus grand Roi, & le plus illustre qui ait jamais été & qui sera, sous la loi de qui tout l'Univers doit fléchir pour son propre interêt, & qui ne peut s'en défendre que par la modération du Héros. La fortune lui est asservie, & sa sagesse sans égale ne peut se tromper. Comment soutiendra-t'il une vanité si violente & si injuste, si non par la violence & par l'injustice ? Et comment y renoncera-t'il ? Il n'y voit rien de mauvais & de dangereux ; il voit cette vanité applaudie de tous côtés; il ne voit pas l'abîme qu'elle creuse sous ses pieds : ainsi il s'y abandonne avec confiance. Il ne voit & ne veut voir que ses armées, ses gardes, ses frontieres, ses trésors, l'apparente soumission des vaincus, la juste obéissance de ses Sujets, ses victoires & ses triomphes, son faste & ses plaisirs ; il ne voit pas les larmes & le sang qui sont le prix de cette grandeur éblouissante ; il ne voit pas l'impatience naturelle & terrible, avec laquelle la raison de tous les cœurs irrités contre lui s'anime à la vengeance & à le confondre. S'il s'apperçoit de ce péril, il le méprise & s'endort dans la molesse, ou s'il songe à le prévenir, il se consume & s'épuise par de nouveaux efforts & de nouvelles dépenses, qui perpetuent de plus en plus les funestes effets de la flatterie. Et quelle horreur ne fait pas la situation où se trouve ce Prince aveugle?

Ce Roi si grand, si glorieux au langage de ses flatteurs, l'est-il en effet? Il est comme un homme qui auroit été emporté jusqu'aux nues par un tourbillon de vent & de poussiere. Qui est-ce qui oseroit dire que cet homme ne tombera pas, & que sa chûte ne sera pas irréparable? Ce Roi n'est point aimé ni estimé, il n'est que craint; & la crainte sans amour & sans estime n'est que ressentiment implacable & desespoir furieux. Une conjuration générale est formée contre lui au-dehors & au-dedans, & elle est d'autant plus formidable, qu'elle est fortifiée par toutes les illusions où l'a jetté la flatterie, qu'elle est fortifiée par ses injustices & ses imprudences, ses témérités & ses présomptions. S'il succombe sous cette conjuration, il eſt perdu, ou il eſt obligé de revenir honteuſement & en homme puni, aux termes de la modération dont il n'auroit jamais dû s'écarter. Et s'il en triomphe, il n'en ſera que plus craint, & par conſéquent plus haï, plus menacé, plus chancelant : tôt ou tard il ſe repentira, & peut-être ſans fruit, de s'être laiſſé ſéduire par les flatteurs.

L'Hiſtoire eſt pleine de Princes malheureux que les flatteurs ont pouſſé dans le précipice : & il eſt un Dieu arbitre ſouverain de toutes les deſtinées, ennemi de tout orgueil & de tout menſonge, qui au tribunal de ſon inflexible vérité juge & condamne chaque jour les Rois que la flatterie ennivre. Comment échapperont-ils aux Arrêts de ce Dieu vengeur, dont la lumiere toute puiſſante embraſſe tout, perce tout, & diſſipera comme une vaine ombre tout autre éclat que celui de la vertu ?

VII. Plus un Prince eſt mal aviſé & méchant, plus on lui donne d'encens ; c'eſt le plus ſur moyen de s'insinuer dans les bonnes graces d'un tiran que de consacrer toutes ses injustices, & de le représenter à lui-même comme digne de son élevation, & capable de remplir lui seul les postes les plus éminens de l'Empire. *Tibere* qui avoit beaucoup de discernement, haïssoit la flatterie, parce que sa pénétration la lui faisoit connoître. Il voyoit bien que ceux qui la lui prodiguoient davantage, tels que les Grands & le Senat, redoutoient & par conséquent haïssoient son pouvoir, tout autant que lui qui connoissoit parfaitement la nature & le bonheur de la liberté, auroit craint & haï un homme qu'il auroit vu à sa place s'il eût été à la leur. Il sçavoit que la flatterie & la haine vont souvent de compagnie : de sorte que ceux qui ressentent le plus de haine, sont ceux qui montrent au-dehors le plus d'affection : il y va de leur vie de laisser échapper quelque signe de haine ; ainsi plus elle est forte, plus on a besoin d'art & de circonspection pour la cacher.

VIII. Comme la corruption dans un Etat commence d'ordinaire par les grands, ou pour mieux dire, comme ce font eux qui font les premiers Auteurs de la corruption, ils font auffi les flatteurs les plus infignes: étant plus expofés aux regards du Prince, plus capables de lui donner de la jaloufie, ils font par conféquent plus portés à le flatter. Un Prince qui gouverne ou qui veut gouverner arbitrairement, éleve aux emplois ceux qui ne lui demandent aucune raifon de fa conduite; qui louent tout ce qu'il fait; & plus ils ont à gagner ou à perdre, plus ils font des baffeffes & difent des flatteries. Ils fe dédommagent de leur fervitude, fur le peuple, & font auffi terribles à ceux qui leur font foumis que flatteurs pour ceux qui font au-deffus d'eux : ce font les efclaves les plus rampans qui deviennent les tirans les plus infuportables. La même baffeffe d'efprit les porte également à la flatterie & à l'oppreffion. On difoit fort juftement de *Caligula*, " Qu'il n'y eut

" jamais un esclave plus complai-
" sant, ni un maître plus cruel &
" plus détestable. „ C'est ainsi que la flatterie se répand & corrompt les hommes de toutes les conditions: le Prince tient les grands en respect, & les grands les flattent: les grands oppriment le peuple, s'en font craindre; & le peuple craint & adore les grands. Les Bachas sont les esclaves du Grand-Seigneur, & les peuples sont les esclaves des Bachas.

IX. Quel poison que la flatterie! Elle égare les Princes au point de leur faire accroire que toutes les mesures qu'ils prennent pour appuyer leur oppression, que les traits de leur rage frénétique sont le résultat d'un Gouvernement juste, que la louange extorquée part d'une sincere affection, & qu'eux-mêmes sont l'amour du peuple dans le tems qu'ils en sont l'horreur. Cette fausse idée les empêche de se repentir ou de se corriger. S'endormant sur les discours de leurs flatteurs, ils ne sçauroient découvrir en quoi ils ont mal fait, & ne voient point dequoi ils devroient se corriger. Les flatteurs de *Neron* tournoient *Seneque* en ridicule, & faisoient entendre au Prince qu'il n'avoit pas besoin de tuteur. Les flatteurs de *Commode* firent la même chose à l'égard de ses vieux Conseillers qui l'avoient été de son Pere. *Neron* & *Commode* suivirent les avis de leurs flatteurs, ils regnerent méchamment, firent une fin tragique, & leur mémoire est en détestation. Les pestes de Cour endorment des méchans Princes dans la sécurité, & leur tiennent le bandeau sur les yeux, jusqu'à ce que le hasard les leur faisant ouvrir, la premiere chose qu'ils voient, c'est leur trône chancelant ou renversé, & quelquefois le glaive du bourreau à leur gorge.

x. Le cœur de tous les hommes est agité par l'orgueil, & ce sentiment donne de l'amour pour la réputation. Si l'on veut s'en faire une bonne, il faut regler ses actions de sorte qu'on ait toujours en vue le jugement de la postérité. On ne l'abusera point par des évasions, de fausſes couleurs : de vaines excuſes ne paſſeront point auprès d'elle pour des raiſons, quoiqu'elles ayent trompé nos contemporains ſouvent ſéduits par l'amitié, par l'eſprit de parti, ou par la prévention. Le tems & la mort détruiſent toute ſorte d'artifices, diſſipent les nuages & révelent bien des miſteres : alors les intentions des hommes, leurs motifs & leurs vues ſont découverts & examinés à la rigueur. L'eſſor d'une imagination portée à la flatterie n'eſt plus regardé comme l'effet de l'affection pour le Prince, ni les efforts de l'ambition comme l'effet du zele pour le bien public. *Claude & Pallas, Tibere & Sejan, Neron & Tigellin* étoient careſſés, applaudis & adorés pendant leur vie, dans le tems de leur puiſſance & de leur faveur. La crainte de leur autorité arrachoit alors des louanges de tous les hommes ; maintenant leur nom n'inſpire que l'horreur & le mépris. A quoi leur ont ſervi leurs ruſes, leurs ſubornations, leur puiſſance & l'élevation de leurs postes ; le respect pour leur pourpre, la force de leurs armes, les gardes prétoriennes, & leurs loix perverties ont-elles pu mettre leur mémoire en sureté, comme elles y mettoient leurs personnes ? Un Ecrivain moderne a-t'il à craindre leurs accusations de crime de Leze-Majesté, ou le souffle pernicieux de leurs délateurs, lorsqu'il les traite de monstres souillés de sang, de tirans, de pestes publiques, & d'oppresseurs de la terre, couverts de maledictions & meurtriers de sang froid.

Ces tirans de Rome, & leurs flatteurs ont beau avoir poussé la tirannie, & la flatterie à son comble, ils n'ont pas été capables avec tous leurs artifices & la terreur qu'ils répandoient, d'éteindre la mémoire de leurs actions, n'y d'empêcher qu'on n'en parlât. On a transmis à la postérité leur nom avec les épithetes qui leur conviennent. Le nom de *Neron* est moins suivi de l'idée d'Empereur que de celle de tiran, dans l'esprit de tous les hommes.

XI.

XI. *Tibere* ſouhaitoit paſſionnément les louanges de la poſtérité, & qu'elle eût de l'affection pour ſa mémoire : nous ſçavons comme il y a réuſſi : ſon nom eſt déteſté comme celui du plus dangereux, du plus perfide & du plus ruſé tiran qui ait jamais opprimé le genre-humain. A peine fut-il expiré que le peuple éclata en démonſtration de joie & en exécration : " Les uns " crioient qu'on le trainât dans le " Tibre, les autres demandoient à la " terre notre mere commune & aux " Dieux infernaux de ne lui donner " de demeure que parmi les damnés & les maudits. „ D'autres ne parloient de rien moins que de trainer ſon corps avec des crocs à la voirie ; & lorſqu'on alloit porter ſon corps de Miſène à Rome, chacun crioit qu'il valloit bien mieux le porter dans l'amphiteâtre d'Attella pour l'y bruler à demi. C'étoient là les marques de la bonne odeur dans laquelle ce tiran avoit laiſſé ſa mémoire. Que nous fait à nous leur qualité de Souverain & d'Empereur ? Les gens de bon ſens ne ſe laiſſent point éblouir par des noms; ils regardent les monſtres comme des monſtres, quels que ſoient les titres que la fortune ou les flatteurs leur ont donnés, ou qu'ils ſe ſont attribués eux-mêmes.

C'eſt ainſi que les tirans doivent s'attendre que la poſtérité ſe vengera ſur leur nom : c'eſt à quoi doivent réflechir ſérieuſement ceux qui aiment leur gloire, & qui recherchent l'immortalité comme font la plupart des Princes. Ils y ſont d'autant plus obligés qu'ils ſont dans un poſte trop éminent, & font trop de choſes pour que leur nom tombe dans l'oubli. Ils devroient plus craindre la cenſure de la poſtérité, ordinairement bien fondée & durable, qu'ils ne devroient être touchés des louanges de leur ſiecle, ſouvent fauſſes & paſſageres, & dont pour le moins on peut ſoupçonner la ſincérité.

XII. La maniere dont Canut I. repouſſa la flatterie de ſes courtiſans, mérite bien d'être remarquée.

Il étoit ſur le bord de la mer lorſque l'un d'eux lui donna le titre *de Roi des Rois, de maître de la mer & de la terre.* Ce Prince ſans répondre plia ſon manteau & s'aſſit deſſus ; après quoi voyant venir le flux, *la terre où je ſuis eſt à moi*, dit-il en s'adreſſant à la mer, *& toi même eſt ſoumiſe à ma domination. Je te commande de n'avancer pas plus loin, & de reſpecter les pieds de ton Roi.* Cet ordre n'empêcha pas que le flot ne mouillât les habits & les pieds du Monarque. *Vous voyez*, dit-il alors à ceux qui l'accompagnoient, *comment je ſuis maître de la mer. Apprenez par là ce que c'eſt que la puiſſance des Rois de la terre, & qu'à proprement parler, il ne faut appeller Roi que ce grand Dieu, par qui le Ciel, la Terre & la Mer ſont gouvernés.* Hiſtoire des Révolutions d'Angleterre par le Pere d'Orléans Jéſuite.

XIII. Rien ne ſied mieux à un grand Prince que de réſiſter à la flatterie. Le Senat avoit ordonné que l'on jureroit ſur tous les actes de *Tibere*, c'eſt à-dire, que l'on tiendroit pour très-bien fait tout ce qu'il feroit ; & *Tibere* dit au contraire, que tant s'en faut qu'il foit infaillible, qu'il eft plus en danger de faillir que perfonne, parce que fa charge eft non-feulement la plus difficile de toutes, mais encore la plus fujette aux accidens de la fortune. Les Princes ont toujours à leurs côtés des flatteurs, qui jurent fur tous leurs actes, difant que Dieu leur a donné une connoiffance univerfelle, & un jugement qui ne fçauroit errer : ainfi il ne faut pas s'étonner s'il y a tant de Princes qui fe corrompent faute de trouver des ferviteurs fideles qui veuillent dire la vérité. Un politique Efpagnol, Gracian, rendant raifon pourquoi l'on voit des Rois qui menent par tout des fous avec eux ; c'eft, dit-il, parce qu'ils font fages ; car ces fous ne font pas pour les divertir, mais pour les avertir. Ces fous, dit-il, font les oracles de la vérité ; car ils rapportent fans crainte ce que les autres ont dit devant eux fans retenue ; ce qui fert extrêmement aux Princes à réformer leur conduite. *Amelot de la Houssaye, morale de Tacite.*

XIV. Germanicus allant de nuit par toutes les rues de son Camp, déguisé & sans suite, s'arrêtoit à toutes les tentes, & prêtoit l'oreille aux entretiens familiers de ses soldats. Plusieurs grands Princes ont suivis cette méthode, pour apprendre eux-mêmes ce qu'ils sçavoient que personne n'oseroit leur dire. Gracian dit agréablement que *Charlequint s'étoit fait l'espion de sa réputation, & que le Roi François I. ayant passé une nuit dans la maison de la simplicité, c'est-à-dire, en la compagnie de quelques paysans, apprit tant de choses qui lui importoient, qu'il répéttoit souvent qu'il étoit perdu, s'il ne se fût perdu* (à la chasse.) Aussi pouvoit-il dire ce que dit le grand Antiochus au sortir d'une petite cabane, où il avoit raisonné quelque tems avec de pauvres gens qui ne le connoissoient pas, *qu'il n'avoit jamais oui la vérité que ce jour-là. S'il est si difficile à chaque homme de se connoître*, ajoute le même Auteur, *que sera-ce à un Roi?*

L'amour propre ne souffre pas qu'il se connoisse par lui-même, ni la flatterie qu'il se connoisse par les autres. Les Princes n'ont point de miroir, il faut donc que leur industrie leur en serve. Idem.

XV. Les flatteurs (je parle des flatteurs de Cour) sont pour la plupart tachés de deux vices qui semblent être contraires, c'est-à-dire de lâcheté & d'orgueil. Ils sont souples & complaisans envers le Prince & ses favoris, mais arrogans envers leurs inférieurs. Et c'est en ce sens que Tacite dit, que Mucien étoit mêlé de douceur & d'arrogance, & que l'Orateur Passiénus disoit de Caligula qui avoit été le plus lâche flatteur de Tibere, qu'il ne s'étoit jamais vu ni de meilleur esclave, ni de pire maître. Plutarque dit pareillement que Silla s'humilioit envers ceux dont il avoit affaire, & se faisoit adorer par ceux qui avoient à faire de lui ; de sorte que l'on ne pouvoit dire lequel des deux il étoit davantage, orgueilleux ou flatteur. *Idem.*

XVI. Il en est des Princes, comme des femmes coquettes, qui se laissent prendre par les oreilles. Si les flatteurs ne parloient point, les Princes ne seroient jamais trompés; car la vérité prendroit la place du mensonge. C'est pour cette raison que le sage Sénateur Helvidius, opinant sur l'élection des Députés que le Senat avoit résolu d'envoyer à Vespasien, au sujet de son avenement à l'Empire, disoit qu'il étoit de l'interêt de l'Etat & de la gloire du Prince de lui députer pour cette premiere fois ceux d'entr'eux dont la vie étoit sans tache & sans reproche, pour accoutumer ses oreilles aux bons conseils; que Trasea, Foranus & Sentius, c'est-à-dire les trois plus integres personnages du Senat) ayant été honorés de l'amitié de Vespasien, il falloit bien se garder de lui faire voir leurs accusateurs; qu'une députation si judicieuse seroit comme un avertissement tacite que le Senat lui donneroit de ceux qui seroient dignes de son estime & de sa bienveillance, & pareillement de ceux dont il auroit à ſe défier, c'eſt-à-dire des flatteurs & des autres ſcélerats qui bâtiſſent leur fortune ſur la ruine des autres. *Idem.*

XVII. Sous les méchans Princes, les grands ſe ſoucient très-peu des diſgraces publiques, parce qu'ils ſont occupés à ſonger à leur ſureté. Plus on craint & plus on ſe laiſſe aller à la flatterie, ſur-tout les gens qui vivent à la Cour ou qui ſont dans les grandes charges, d'autant que leur fortune les expoſe à plus de dangers que les autres. D'ailleurs quand un Prince diſſimule le mauvais état de ſes affaires, c'eſt pour lors qu'il eſt flatté davantage, chacun affectant une pleine aſſurance en la fortune & en la perſonne du Prince. *Idem.*

XVIII. Dès qu'un Prince commence à prêter l'oreille aux flatteurs, la calomnie fait la guerre aux gens de bien. Ceux qui accuſoient Seneque, étoient d'autant plus certains d'achever de le ruiner dans l'eſprit de Néron, qu'ils ſçavoient bien que Burrhus & lui avoient eu bien de la peine à consentir à ses divertissemens. La Cour est toujours pleine de certaines gens, qui mettent toute leur adresse à sonder les dépits & les mécontentemens des Princes, pour les ulcerer contre ceux qui en sont l'objet & la cause: c'est ainsi que Sejanus aigrissoit Tibere contre Asinius Gallus, & que Costulianus Capito & Eprius Marcellus porterent Neron à se défaire de Trasea. Quant à ce que les courtisans imposoient à Seneque de s'attribuer à lui seul la gloire d'être éloquent, c'étoit un artifice par où ils le rendoient d'autant plus odieux à Néron, que ce Prince s'étant toujours servi de lui pour la composition des harangues qu'il avoit à faire au Senat, ils lui donnoient à entendre que Seneque s'en prévaloit comme d'un grand avantage qu'il avoit sur lui. Et c'est en ce sens qu'ils lui disoient que de tout ce qu'il disoit & faisoit de beau tout l'honneur en alloit à Seneque comme à celui que chacun en croyoit le premier Auteur; que

Néron n'étoit plus un enfant, & que par conséquent il ne lui falloit plus de maître, ses Ancêtres lui tenant lieu de toutes les instructions, & de tous les conseils dont il avoit besoin pour bien gouverner.

XIX. La prospérité, dit Galba à Pison en le choisissant pour son fils & pour son Successeur, a de plus forts éguillons que l'adversité; nous nous évertuons dans la mauvaise fortune, & nous nous corrompons dans la bonne. Je veux bien croire que tu conserveras la même intégrité de mœurs, mais sois assuré que les autres la diminueront par leur extrême complaisance. La flatterie, le plus dangereux poison de la société civile, se glissera chez toi avant que tu t'en apperçoive, & l'interêt particulier prendra la place de l'interêt public. Nous nous parlons aujourdhui toi & moi à cœur ouvert, au lieu que tous ceux qui nous approchent, ne parlent qu'à notre fortune. Car comme il est très-difficile de conseiller aux Princes ce qu'il faut faire, il n'y a rien de plus facile que de les flatter. Naître fils de Prince, c'eſt un bienfait de la fortune où l'on ne ſçauroit eſtimer que le bonheur, le mérite n'y ayant aucune part. Néron ſera toujours regretté par les ſcelerats ; mais ils ne tiendra qu'à nous deux qu'il ne le ſoit pas auſſi des gens de bien. Il n'eſt pas beſoin de t'en dire ici davantage. J'ajouterai ſeulement que la meilleure & la plus courte méthode pour connoître ce que tu dois ou ne dois pas faire, eſt de conſiderer ce que tu voudrois ou ne voudrois pas que fit un Prince ſous lequel tu aurois à vivre : car tu as à commander à des hommes qui ne ſçauroient ſouffrir ni une entiere ſervitude, ni une pleine liberté. *Tacite Hiſt.* 1.

Il ne s'eſt jamais donné une plus belle, ni plus univerſelle inſtruction aux Princes pour ſe garantir de la contagion de la flatterie. Elle leur apprend que la proſpérité leur fait plus de mal que l'adverſité, parce que d'ordinaire elle les jette dans la débauche, & dans tout ce que

Tacite appelle la licence de la Royauté ; à raiſon de quoi Tibere diſoit, que plus il avoit de puiſſance, plus il étoit en danger de ſe perdre ; & qu'il ne pouvoit augmenter ſon autorité ſans diminuer celle des loix. Ce que Galba dit à Piſon, que la complaiſance que tout le monde aura pour lui, corrompra ſa vertu, eſt un avertiſſement ſalutaire qu'il donne aux Princes, de ne point ſe fier ſur la fermeté de leur eſprit, ni ſur l'inclination qu'ils ont à la juſtice, d'autant que s'ils écoutent les flatteurs, la flatterie à force de divertir leurs oreilles ſe gliſſera à la fin juſqu'à leur cœur, & en arrachera la pudeur, la modération, la docilité, la reconnoiſſance, la clémence & toutes les autres vertus. Mezerai en donne un bel exemple en la perſonne de Henri III. *Son regne*, dit-il dans ſa vie, *pourroit être appellé le regne des favoris*, & par conſéquent des flatteurs, *ils acheverent d'énerver ce qu'il avoit de ferme, & de le diſſoudre dans les voluptés... Afin de le poſſeder tout entier, ils lui perſuaderent de de ne se plus tant communiquer à ses Sujets comme avoient fait ses Prédecesseurs, mais de se tenir caché comme les Rois d'Orient; de ne se faire connoître à eux que par un grand éclat, ou de magnificence, ou de commandemens absolus, & sur-tout de désacoutumer les François de lui faire des Remontrances, & de leur apprendre* qu'il n'y a point d'autre justice que sa volonte. (Car à ce que disent les flatteurs, c'est regner précairement que de se contenter d'une autorité qui ne s'étend que sur les choses permises.) *Sur cela, ils élevoient son esprit dans les hauts sentimens de lui-même, & le remplissoient de cette opinion, qu'il étoit le plus grand Prince du monde, qu'il surpassoit infiniment tous les Rois précédens, qu'il avoit fait des chefs-d'œuvres de politique dès son apprentissage; & que la prudence des plus habiles n'étoit qu'ignorance en comparaison de la sienne.* Il n'y a point de Prince quel qu'il soit, à qui les flatteurs n'en disent autant; preuve qu'ils ne parlent pas à la personne du Prince, mais à sa fortune qui est le seul objet de leurs adorations.

XX. Voulez-vous connoître quel eſt le langage des flatteurs & de ces hommes qu'on peut appeller les fléaux d'un Etat ? Le voici. Ils diſent que Dieu a donné au Prince, non-ſeulement le pouvoir abſolu, mais encore une intelligence univerſelle, & que les Sujets n'ont rien à prétendre que la gloire d'obéir aveuglément ; que la volonté Royale eſt la regle de la juſtice, & que par conſéquent toutes les actions des Rois ſont juſtes ; que le Prince qui gouverne ſelon les loix, n'eſt qu'un Prince précaire ; & que celui qui défere aux Remontrances de ſon Parlement eſt un pupille ; que c'eſt le propre d'un Roi de n'être dirigé de perſonne & de faire tout à ſa mode ; que tous les moyens qui ſervent à conſerver l'autorité, ſont honnêtes & légitimes quand ils ſont ſurs ; que la pauvreté des peuples & l'abaiſſement des grands ſont les deux colonnes qui ſoutiennent la puiſſance Royale ; que les privileges, les exemptions & les tailles modérées ne ſervent qu'à rendre les

Sujets indociles & fougueux, au lieu qu'ils ſont ſouples, ſoumis & complaiſans, quand ils n'ont plus rien à perdre; que les richeſſes des particuliers ſont fatales aux Princes; que tout leur appartient, que le luxe eſt l'appanage de leur fortune; que leurs divertiſſemens ne doivent pas être moindres que leurs ſoucis & leurs travaux; qu'il leur importe peu d'être aimés, mais beaucoup d'être craints; parce que la crainte eſt entretenue par la peur de la peine qui ne ceſſe jamais; au lieu que l'amour n'eſt retenu que par un certain lien de bienſéance que les hommes rompent toutes les fois qu'il leur en prend fantaiſie; que la clémence eſt une vertu périlleuſe, & la modeſtie une vertu Bourgeoiſe, & qu'enfin les Princes ne doivent pas ſe mettre fort en peine de ce que la fortune dira d'eux, parce qu'elle ne pourra diſcerner la vérité entre ceux qui les auront loués & ceux qui les auront blâmés, étant de la deſtinée des Hiſtoriens, d'être toujours ſoupçonnés de flatterie ou de médiſance. Pourroit-on avoir trop d'horreur d'un tel langage ; & ceux qui s'en ſervent pour parvenir à leurs buts, ne mériteroient-ils pas d'être traités comme criminels de Leze-Majeſté. En un mot ce ſont des peſtes dignes de l'exécration publique.

XXI. Les flatteurs louent les vices des Princes & des Grands, parce qu'ils ont interêt de les fomenter. Si les Princes n'étoient pas vicieux, que feroient les flatteurs qui n'ont que cette porte pour entrer en faveur, & que cet infâme moyen pour s'y maintenir. Le jeune Pline dit, que les Princes n'ont pas beſoin de maîtres pour devenir méchans, mais que quelque méchans qu'ils ſoient, ils ne laiſſent pas d'apprendre encore beaucoup de choſes, dont ils ne s'aviſeroient jamais, s'ils n'avoient point de flatteurs auprès d'eux. De tous les vices du Prince, il n'y en a point qu'ils aient plus ſoin d'entretenir que le luxe & la prodigalité, parce qu'ils ſont toujours ceux qui ont le plus de part à ses profusions. Henri III. étoit un des meilleurs Princes du monde, mais François d'O l'un de ses principaux flatteurs, & pour comble de malheur son Sur-intendant des Finances, ne tarda gueres à le corrompre. *C'étoit*, dit Mezerai, *un homme entierement perdu dans le luxe, qui obligeoit à toute heure le Roi de faire de nouveaux Edits qu'on appelle Bursaux, & d'aller en Parlement le forcer par sa présence à les vérifier. Ce fut une des principales causes de la ruine de ce Prince, d'autant que les peuples perdirent peu à peu le respect & l'affection qu'ils lui portoient; & les chefs de la Ligue ne manquerent pas de faire glisser en la place l'aversion & le mépris. A quoi n'aidoit pas peu l'insolence de ses favoris qui s'élevoient au-dessus des Princes, & disposoient souverainement de toutes choses.*

XXII. Il n'y a point de pire flatterie, que celle qui confirme un Prince dans la résolution d'exécuter avec précipitation une entreprise où l'on ne sçauroit faillir deux fois. Il est facile de flatter les Princes, mais il eſt très-difficile de les bien conſeiller. Dans les affaires les plus importantes des particuliers, il y a toujours quelque reſſource, & l'on peut ſans ſe perdre tenter plus ou moins la fortune. Mais celles des Princes ſont ſujettes à tant d'accidens, & dépendent de tant de circonſtances, que la moindre faute eſt capable de les faire échouer pour jamais. L'Hiſtoire nous fournit un bel exemple de la fatalité des conſeils des flatteurs en la perſonne de François Duc d'Anjou, Frere de Henri III. lequel perdit la Flandre & le Brabant, dès qu'il eut manqué ſon coup ſur Anvers. *Ceux qui le gouvernoient plus particulierement*, dit Mezerai, *étoient gens ſans honneur & ſans foi, entr'autres Quinſay ſon Sécretaire, Fraques & Aurilly ſon Gendre, fils d'un Sergent de la Ferté près de Blois, que ſon lut, ſa voix, ſa danſe & autres qualités plus dignes de l'affection d'une femme que de celle d'un grand Prince, avoient mis en haute faveur auprès de ſon maître. Ces gens-là le tenant toujours en défiance du Duc de Montpenſier & des autres gens d'honneur, qui eussent pu le détourner des méchantes actions, l'éguillonnoient sans cesse à s'emparer des Places, dont il se promettoient d'avoir les Gouvernemens : (car les conseils des flatteurs sont toujours interessés.)* C'est pourquoi tous les Princes qui forment de grands desseins, doivent mûrement considérer, si ce qu'ils ont envie de faire, peut tourner à leur gloire & au bien de leur Etat.

XXIII. Les complaisances des flatteurs sont si outrées qu'elles vont jusqu'au ridicule. Philippe de Macedoine ayant été obligé de prendre un bandeau à cause d'une blessure qu'il avoit reçue à la tête, la plupart de ceux de sa Cour se montrerent avec le même appareil, comme s'ils en eussent eu le même besoin. Denis le Jeune ayant la vue fort basse, ses courtisans pour flatter ce défaut faisoient les demi aveugles, se heurtant les uns les autres, & bronchant à tous les momens. Combalus, favori de Seleucus, & passionnément aimé de la Reine Stratonice, s'étant fait lui-même eunuque pour ne donner aucune priſe à la calomnie, tous ceux qui fondoient leur fortune ſur ſa faveur, en firent autant. Parce que Mithridate aimoit beaucoup à exercer la médecine, ſes flatteurs lui donnoient leurs membres à inciſer & à cautériſer ſans néceſſité. Les flatteurs de Platon contrefaiſoient ſes groſſes épaules; ceux d'Ariſtote ſon begayement; ceux d'Alexandre le Grand ſa tête panchée & l'apreté de ſa voix. Rien n'eſt plus fade qu'un adulateur de profeſſion qui par une lâche complaiſance applaudît à tout ce qu'on dit ſans diſtinction du vrai d'avec le faux, du bon d'avec le mauvais. " Hé, je vous prie de dire du moins " une fois non, afin que je m'ap- " perçoive que nous ſommes deux," diſoit l'Orateur Cœlius à un flatteur.

Changez l'air de votre entretien,
Ou permettez que je vous quitte
La fade complaiſance irrite,
Sourire à tout, n'oblige en rien.
Egalement dire du bien,
D'une choſe bien ou mal dite,

Pour établir votre mérite
Me paroit un foible moyen.
C'est toutefois votre méthode ;
Il n'est rien de plus incommode,
Qu'une louange à contretems ;
J'aime beaucoup mieux qu'on me fronde :
Qui tâche à plaire à tout le monde,
Ne plait gueres aux honnêtes gens.

Mais ce qui rend la conduite des flatteurs plus odieuse, ce sont les applaudissemens qu'ils donnent aux défauts de ceux qu'ils flattent ; ce sont les raisons qu'ils leur suggerent pour justifier leurs injustices ; ce sont les prétextes qu'ils leur fournissent pour entretenir leurs déreglemens ; ce sont les moyens qu'ils leur découvrent pour contenter leurs passions. Aufide flatteur, parle ainsi à Perpenna dans la Tragédie de Sertorius.

Quel honteux contre-tems de vertu délicate,
S'oppose au beau succès de l'espoir qui vous flatte ?
Et depuis quand, Seigneur, la soif du premier rang
Craint-elle de répandre un peu de mauvais sang ?

L'honneur & la vertu sont des noms ridicules ;
Marius ni Carbon n'eurent point de scrupules : [Act. 1. Sc. 1.]

Les premiers Magistrats de Perse répondirent à Cambyse qui vouloit épouser sa sœur, qu'à la vérité ils ne trouvoient point de loi qui permit ce mariage ; mais qu'il y en avoit une, qui donnoit la licence au Roi de faire tout ce qu'il lui plaisoit. Ah, qu'on est malheureux quand on est au-dessus du reste des hommes ! Souvent on ne peut voir la vérité par ses propres yeux ; on est environné de gens qui l'empêchent d'arriver jusqu'à celui qui commande ; chacun est interessé à le tromper : chacun, sous les apparences de zele, cache son ambition : on fait semblant d'aimer le Prince, & on n'aime que les richesses qu'il donne ; on l'aime si peu, que pour obtenir ses faveurs on le flatte & on le trahit. Phedre dit à Œnone dans la Tragédie de Racine.

Je ne t'écoute pas, va-t'en, monstre exécrable,

Va, laiſſe-moi le ſoin de mon ſort déplorable,
Puiſſe le juſte Ciel dignement te payer,
Et puiſſe ton ſupplice à jamais effrayer,
Tous ceux qui comme toi, par de lâches adreſſes,
Des Princes malheureux nourriſſent les foibleſſes,
Les pouſſent au penchant où leur cœur eſt enclin,
Et leur oſent du crime applanir le chemin.
Déteſtables flatteurs, préſent le plus funeſte
Que puiſſe faire aux Rois la colere celeſte.

XXIV. Si *Neron* avoit ſuivi les excellentes regles de Gouvernement qui lui avoient été dictées par *Seneque* & par *Burrhus*, qu'il s'étoit preſcrites lui même dans le premier diſcours qu'il fit au Senat; s'il avoit fermé l'oreille aux conſeils de *Tigellin* & de pluſieurs autres de ſon eſpece; la fin de ſon regne auroit été accompagnée des mêmes bénédictions que le commencement, & Neron auroit laiſſé un nom auſſi reſpecté qu'il le rendit abominable. Si les confidens des Princes, au lieu de se ravaler jusqu'à devenir de vils Parasites, au lieu de trahir la vérité, de couvrir le Souverain & eux-mêmes d'ignominie, vouloient donner des conseils salutaires à l'Etat, outre la louange qu'ils mériteroient d'une conduite si noble, ce seroit la méthode la plus infaillible de fonder leur propre fortune & celle de leur famille sur la sureté publique. Si quelque malheur les faisoit tomber dans la disgrace, s'il leur en coutoit la vie pour avoir fait leur devoir, ils auroient au moins le témoignage de leur conscience, les applaudissemens des vivans & les louanges de la postérité. Au lieu que fomentant les jalousies & la violence du Prince par leurs flatteries, ils lui enseignent à tourner sa fureur contr'eux-mêmes; ce qui est souvent arrivé & ce qu'ils doivent craindre.

XXX. Lorsque les Souverains ne peuvent souffrir que l'encens & les applaudissemens, ils ferment la porte au procedé franc & sincere, à la vérité

vérité & aux bons conſeils ; ils ne l'ouvrent ainſi qu'à des flatteries trompeuſes, à des fauſſetés agréables & ſouvent funeſtes. Si les Princes, dont la mémoire eſt déſapprouvée, avoient permis à leurs ſujets & à leurs contemporains de leur dire la vérité, & de découvrir ſincerement leur penſée ſur leur conduite, il eſt vraiſemblable que la poſtérité n'en auroit pas dit tant de mal ; comme il eſt vraiſemblable qu'ils l'auroient moins mérité : & je ſuis perſuadé qu'ils auroient mieux fait, tous tant qu'ils étoient, de laiſſer une pleine liberté de dire tout ce qu'on auroit voulu, que de manquer à apprendre ce qu'il leur importoit de ſçavoir. Il leur valloit bien mieux entendre les mécontentemens & les médiſances de leurs ſujets, que d'ouir dire qu'ils prenoient les armes contre leur Souverain, ou qu'ils l'abandonnoient. C'eſt le ſort qu'ont éprouvé quelques Princes qui ayant eu des courtiſans d'une complaiſance exceſſive, ou les oreilles trop tendres, ſe ſont vus détronés avant qu'ils ſoupçonnaſſent d'être haïs, & ont à peine trouvé un intervalle ſenſible entre les acclamations des flatteurs & le coup mortel du bourreau. C'eſt le génie des Cours : les mauvaiſes nouvelles y ſont généralement cachées ou déguiſées ; de là viennent trop ſouvent le ſilence & les flatteries des courtiſans qui ne veulent dire que ce qui eſt agréable à entendre, & tels ſont quelquefois l'orgueil & l'impatience des Princes, qu'ils ne veulent rien ſçavoir qui puiſſe les chagriner.

XVVI. Un Prince ne ſçauroit avoir trop d'horreur pour ces hommes qu'on peut appeller athées en politique, preſque auſſi funeſtes pour l'Etat que ceux qui blaſphêment la Divinité. En effet cet eſpece d'hommes ne connoit relativement à l'Etat d'autre vérité que celle qui leur convient. Ils admettent ou ils rejettent ſelon leur interêt & leur poſition les loix les plus eſſentielles, & qu'ils connoiſſent le mieux. Auſſi parcilles peſtes d'Etat ſont ordinairement conſéquens. Il ne tient pas à ces malheureux qu'ils n'étouffent le cri de la nature, preuve de la Divinité, comme ils ont voulu étouffer celui de la patrie, & cette voix importune qui leur présentoit sans cesse des loix si gènantes pour eux. Mais leurs efforts sont inutiles à l'égard de la patrie, comme ils le sont à l'égard de la Divinité.

Lorsque les Princes commencent à chanceler, le zele de leurs adhérans commence aussi à se rallentir. Ceux qui ont été les plus empressés à les flatter, sont les premiers à les censurer; & comme un Prince assuré de son pouvoir ne manque jamais de mérite & de gloire, celui dont l'autorité est sur le déclin, ne manque jamais de défauts & de censures. *Galba* en est un exemple: quel zele ne lui témoigna-t-on pas, combien de protestations de service ne lui fit-on pas, tandis qu'il fut sur ses pieds? Combien de reproches & d'insultes n'essuya-t-il pas après sa chûte? Il en fut de même d'*Oton* & de *Vitellius*. Ils furent adorés ou diffamés selon que la fortune s'attachoit à eux ou les abandonnoit : ce qui arrivera à tous les Princes. Il eſt rare qu'ils aiment à écouter la vérité, & il l'eſt tout autant qu'on veuille ſe haſarder à la leur dire. Ils doivent par conſéquent former un jugement de l'opinion que le public a d'eux & de leur ſituation, ſur leurs actions & ſur la forme de leur gouvernement, ſur le caractere des Miniſtres qu'ils emploient, & ſur les meſures qu'ils ſuivent ; non pas ſur ce qu'en diſent les flatteurs qui les environnent ; non pas ſur les acclamations d'une foule de peuple; ni ſur la fidélité des Généraux ; toutes ces marques ſont trompeuſes & ont trompé pluſieurs Princes. Mais on peut ſe fier hardiment à une conduite irréprochable. Au pis aller, qui n'aimeroit mieux périr en ſuivant ces maximes, que de ſubſiſter par une conduite lâche & injuſte ? Celui qui périt en s'attachant à la vertu, y gagne quoi qu'il puiſſe perdre ; & celui qui gagne par la méchanceté, y perd certainement, quoi qu'il acquiere. La vertu tient lieu de tout, & les gages de l'iniquité sont pires que si l'on n'avoit rien. Ceci n'est pas une simple spéculation & un rafinement de morale, il a son fondement sur l'expérience de ce qui se passe dans la vie.

III.

Des dangers du Despotisme.

1. La doctrine de l'obéissance aveugle, sans faire aucun bien aux Princes a été une source fatale de maux pour leurs pauvres sujets. C'est un article de foi parmi les Turcs digne de leur grossiereté & de leur barbarie : cependant en quel pays du monde la déposition & le massacre des Princes ont-ils été plus communs qu'en Turquie? On dit au Monarque qu'il peut faire tout ce qui lui vient en fantaisie, leur religion le lui dit, le Mufti qui est leur S. Pere, la lui explique ainsi, la lui annonce de la part de Dieu; & malgré toutes ces saintes autorités, la personne du Monarque

ſi ſacrée, gardée avec tant de précautions divines & humaines, eſt ſouvent miſe en pieces avec moins de formalité, que celle d'un malfaiteur d'entre le vulgaire, & même avec le conſentement & le ſecours du Mufti. Cela eſt arrivé plus d'une fois dans un ſeul ſiecle. Si l'autorité de ces Monarques avoit été moindre, leur ſureté en auroit été plus grande.

Nunquam ſatis fida potentia ubi nimia. Un Prince abſolu eſt celui qui eſt le moins aſſuré; n'agiſſant par aucune loi fixe, il n'a aucune regle non plus pour ſe croire en ſureté. Il exerce des violences, & la violence eſt le ſeul remede qu'on lui oppoſe. La violence, injuſte en toute occaſion, ne ſe conduiſant par aucune regle, auſſi changeante & illimitée que le ſont les paſſions & les imaginations des hommes, ne ſçauroit trouver des précautions aſſurées pour ſe mettre à couvert ou pour ſe défendre... Lorſque les Princes agiſſent ſelon les loix, ſi les particuliers ſe plaignent de quelque rigueur, ils peuvent recourir à la loi, & s'ils ne trouvent aucun remede à leurs griefs dans l'exécution fidele de la loi, ils doivent obéir & ne s'en prendre qu'à la loi même : c'est ce qu'ils font en effet. Si au contraire ils ne souffrent point en vertu de la loi, & qu'on emploie la violence toute pure contr'eux, ils chercheront leur recours dans la violence. Un peuple n'est jamais si bas & si insensible, à quelque oppression qu'on l'ait accoutumé, qu'un chef de parti habile n'y trouve quelque signe de vie, quand ce peuple est poussé à bout ; & avec un peu de conduite, il peut causer de grandes révolutions. On l'a vu par l'exemple de la Sicile sous la domination des François, de la Suisse sous celle de la maison d'Autriche, & des Pays-Bas sous le joug des Espagnols. Les esclaves mêmes qui se font le plus d'honneur de leur esclavage, les Turcs se soulevent souvent, terrassent leur orgueilleux tiran & le foulent aux pieds.

Les efclaves irrités font certainement la populace la plus dangereufe: n'ayant aucune reffource contre l'oppreffion, ils fe déchaînent contr'elle avec fureur. Une petite étincelle allume fouvent la flamme, & la flamme fe répandant, caufe un incendie général, quand la matiere y eft difpofée : ce qui ne manque prefque jamais dans les Gouvernemens abfolus, ou qui travaillent à le devenir. Les troubles de Paris pendant la minorité du feu Roi de France furent fuivis d'un foulevement général de toute la France, quoique le Royaume entier eût été intimidé, réduit au défefpoir, & fut tombé dans une efpece de léthargie. Cependant les tempêtes qui fuivirent ce faux calme, faillirent renverfer la Monarchie. La tranquilité publique ne fçauroit être affurée, & aucun Gouvernement n'eft à couvert des révolutions, quand les fujets y font expofés au pillage & à l'oppreffion. Les peuples que l'on traite comme des bêtes brutes, font capables d'agir comme des bêtes irritées ; devenir furieux si on les maltraite, & si on les réduit à la faim.

II. Il n'y a que les tirans, qui veuillent une autorité sans bornes. Il n'est pas permis aux sujets de chicanner les commandemens du Prince. Mais les bons Princes se gardent bien d'user de leur pouvoir absolu où il y a lieu de proceder par les loix : car il n'y a plus de justice lorsque le Souverain le veut être en tout. S'il n'y avoit point de flatteurs, il n'y auroit point de mauvais Princes: car ce sont les flatteurs qui ouvrent la porte à la tirannie. *S'il faut imposer un denier*, dit Commines, *ils disent d'eux : si le Prince menace un homme, ils disent qu'il le faut pendre, & que sur-tout il se fasse craindre.*

III. Ce fut une sage réponse que celle que fit *Théopompe* Roi de Lacedemone à sa femme : elle lui reprochoit qu'il laissoit la Royauté moins absolue à ses enfans par la création des Ephores ; *cela est vrai*, répondit-il, *je la leur laisse plus bornée, mais plus durable.* Valere Maxime développe cette pensée par une réflexion très-juste, " La raison de Théopompe " étoit pleine de force & de justesse; car dans le fond, l'autorité qui " se borne elle-même & qui ne fait " tort à personne, n'est exposé à „ aucune violence. Ainsi le Roi en " tenant en bride la Royauté par " de bonnes loix, la rendit d'autant " plus chere à ses sujets, qu'il en " retrancha la terreur. „ *Theopompus igitur legitimis regnum vinculis constringendo, quo longius à licentiâ retraxit, hoc propius ad benevolentiam civium admovit.* Valer. Max. lib. 4. ch. 1. num. 8. *Ibid.*

IV. Lorsque le Gouvernement est arbitraire & rigoureux, le peuple ne craint pas qu'aucun changement rende sa condition pire; tous les particuliers soupirent après une révolution, & sont capables de s'exposer à une guerre civile, d'essuyer de nouveaux malheurs pour se délivrer de ceux qu'ils endurent & se venger de leur oppresseur. C'étoit la disposition des Romains pendant la révolte de *Sacrovir*; elle leur donnoit de la joie ; & la haine qu'ils avoient pour Tibere, leur faisoit souhaiter un bon succès à l'ennemi public : *multi odio præsentium, & cupidine mutationis, suis quisque periculis lætabantur.*

v. Quoiqu'Auguste eût regné assez long-tems pour énerver ou pour éteindre toutes les maximes de la liberté, pour introduire & pour établir toutes celles de la Monarchie absolue ; Tibere qui lui succeda immédiatement, se croyoit si peu en sureté, qu'il fut tout le reste de sa vie dominé par ses frayeurs. En mettant tous les hommes dans ses fers, il n'avoit pu se rendre libre ; & l'or de ses chaînes faisoit la seule différence entre lui & les autres esclaves. Voila ce que les Princes gagnent en se mettant au-dessus des loix. Ceux qui ne se contentent pas de regner légitimement, & qui veulent se faire craindre de tous les hommes, sont réduits à les craindre tous. C'est le cas de Tibere ; les fréquentes victimes qu'il immoloit à ses frayeurs, ne faisoient que les augmenter, ces ſacrifices multipliant le nombre de ſes ennemis, comme cela devoit arriver néceſſairement.

VI. Que ne doit-on pas craindre du pouvoir arbitraire. A qui pourra-t-on le confier, quand on voit que Tibere doué de ſi beaux talens & d'une expérience conſommée, en fut ſi fort ennivré & perverti? La ſouveraineté abſolue & arbitraire eſt un poſte trop éminent pour une créature humaine; elle ne convient qu'à Dieu qui eſt immuable, non ſujet à l'orage des paſſions, exempt d'erreur, & à qui tout eſt préſent. Il y a peu d'exemples de Princes que l'autorité arbitraire n'ait pas corrompus & enſorcelés: pluſieurs dont on concevoit de grandes eſpérances, ſe ſont abbatardis viſiblement par là. Quand les hommes ſe ſont mis au-deſſus de la crainte du châtiment, ils ſe mettent bientôt au-deſſus de la honte. L'eſprit & les talens des hommes ont des bornes, leurs paſſions & leur vanité n'en ont point: ainſi peu d'entr'eux peuvent

vent être parfaitement bons, & plusieurs deviennent extrêmement mauvais. Ils prennent une grande fortune pour un grand mérite, & élevent l'idée qu'ils ont d'eux-mêmes, aussi haut que la fortune les a élevés.

VII. Sur quoi le Prince doit-il s'appuyer pour la sureté de sa personne & le repos de son esprit? Voici l'opinion d'un grand & bon Prince, *Marc Antonin*; il la prononça peu de tems avant sa mort, en présence de ses amis & de ceux de son conseil. "Il est certain, dit-il, " que ce ne sont point les grands " revenus & les trésors, ni la multi- " tude des gardes qui font la gran- " deur d'un Prince, & qui lui assu- " rent l'obéissance de ses sujets, si " le zele & l'affection des peuples " ne concourent avec l'obéissance " qu'ils lui doivent; celui-là cer- " tainement peut regner long-tems " avec sureté, qui fait sur ses peu- " ples des impressions d'amour & " de bienveillance, & non de ter- " reur par des traits de cruauté.

“ Il ajouta, qu'un Prince n'a rien à
“ craindre de ses peuples, tandis
“ que leur obéissance vient de leur
“ inclination, & non de la servitu-
“ de de la contrainte ; & que les
“ sujets seront toujours obéissans
“ tant qu'on ne les traitera pas in-
“ justement & avec outrage.“ *Voyez Herodien dans la vie de Marc Antonin.*

VIII. Un Prince qui ne veut faire aucun mal, ne recherche point la puissance d'en faire ; celui qui la recherche, sera toujours soupçonné avec justice de ne vouloir faire aucun bien. Le seul moyen d'éloigner ce soupçon est d'agir par les regles connues de la loi. Celui qui gouverne par la loi, gouverne avec le consentement des peuples, & ainsi n'en sçauroit être blâmé. Un Prince absolu qui peut faire tout ce qu'il veut, est toujours cru capable de vouloir faire tout ce qu'il peut ; le peuple s'en défie, & cet ombrage cause l'indignation du Prince, source intarissable de défiances & d'inquiétudes de part & d'autre.

IX. Un Prince absolu veut que

tout ce qu'il fait, tout ce qu'il dit, passe pour juste, ait force de loi, & que sa personne soit regardée comme inviolable & au-dessus des loix. Si la conduite de ses sujets ne s'accommode pas à ces idées de souveraineté, & à la haute opinion qu'il a de lui-même, il croira, ou bien un flatteur lui mettra dans la tête : *spretam voluntatem principis, desciviſſe populum ; quid reliquum, nisi ut caperent ferrum*? " Que son autorité Royale a été méprisée, que " ses sujets se sont révoltés ; que " leur reste-t-il de plus qu'à prendre les armes? „ Le Souverain dont l'esprit est aigri, fait éclater son courroux, & exerce des rigueurs effectives contre des crimes imaginaires. Un mal ne vient jamais seul; la sévérité avec laquelle il traite ses sujets, excite leur ressentiment ; ils murmurent, se plaignent hautement; & le Prince cherche à s'en venger. Lorsque les traits de sa vengeance sont devenus publics, ce qui arrive toujours, ils ne manquent pas d'être suivis de beaucoup d'autres, c'est le train ordinaire des choſes. L'affection & la confiance ſont perdues ſans retour ; la haine devient réciproque ; le Roi & les peuples ne ſe conſiderent plus ſur le pied de ſupérieur & de ſujets, mais comme des ennemis déclarés. C'étoit ſans doute la cauſe qui faiſoit former à Caligula ce ſouhait barbare, que le peuple Romain n'eût qu'une tête qu'il pût abbattre d'un ſeul coup. Il eſt aiſé de voir les conſéquences de tout cela ; le Prince détruit continuellement ſes ſujets ; eux de leur côté ſouhaitent avec ardeur de voir périr leur Prince.

x. Nul homme ne s'aviſera de donner des avis pernicieux, s'il ne ſçait qu'ils ſeront bien reçus ; & un Prince ne lui prêtera point l'oreille, s'il n'eſt diſpoſé à les recevoir. Celui-là ſeul qui aimera à agir contre ſon devoir & ſuivre ſa fantaiſie, aime à entendre dire qu'il le peut ; & quand on prône la volonté du Prince, c'eſt pour lors que l'on travaille à renverſer les loix & la liberté. A quoi ſert la propagation des maximes du pouvoir arbitraire, si ce n'est pour en autoriser les actes? Ces maximes sont trop odieuses par elles-mêmes pour être répandues sans dessein. Il n'y a pas de marque plus sure que l'on veut asservir les sujets, que lorsqu'on tâche de leur inculquer les principes d'une obéissance aveugle & universelle.

Cette seule réflexion fait voir qu'on ne sçauroit faire une bonne apologie des regnes où l'on soutenoit par tout ces dogmes de l'esclavage, & que l'on en protégeoit les Docteurs, qu'on les payoit pour cela, & qu'on leur donnoit des emplois ou des bénéfices. On a vu que c'étoit la mode, & même le seul moyen de faire fortune dans l'Eglise, que de faire retentir les chaires & les tribunaux, places consacrées aux loix & à la vérité, de cette doctrine, qu'il n'y avoit de loi que la volonté absolue d'un homme qui ayant prêté serment de défendre les loix, pouvoit les renverser légitimement. On soutenoit ces faussetés dont tout le monde peut connoître l'impiété. On les attribuoit au Dieu de vérité : on se servoit de son saint nom pour couvrir des oppressions atroces, pour lier les mains des opprimés, pour avancer avec imprudence, que la vie que les hommes tiennent de Dieu, que leurs biens dont la propriété leur est assurée par les loix fondamentales elles-mêmes dressées par la sagesse des hommes pour leur propre conservation, défendues pendant plusieurs siecles par leur vertu & leur valeur, que tout cela, dis-je, étoit à la merci & dépendoit de la convoitise de celui, qui s'étoit obligé de les protéger, mais qui pouvoit, s'il vouloit, détruire tout cela sans opposition; que la résistance même étoit damnable. Lorsque tout cela étoit public, soutenu constamment, que c'étoit là le langage des gens en place, le stile courant des favoris, & le chemin de la faveur; étoit-il possible d'ignorer le but où l'on tendoit ? Pour prévenir tous les doutes, on suivoit des mesures arbitraires, en même tems qu'on en provignoit les principes. Les sujets étoient emprisonnés contre les formes de la loi ; on condamnoit à des amendes sans aucun fondement, on saisissoit les biens par force, & l'on pilloit le public.

XI. Les Ministres sont en sureté seulement dans les pays où la barriere permanente des loix est en état de protéger leur innocence, lors même que le peuple les croit injustement coupables, & que le Prince par ressentiment ou par politique voudroit les punir comme tels. Le peuple peut être mal informé, il l'est même souvent, & la passion peut égarer le Prince. Au lieu que les loix sont toujours exemptes de passion, au moins à l'égard des innocens; elles ne condamnent que conformément à la vérité & aux preuves. Comme elles ne se conduisent point par la volonté pure du Prince, elles n'en reçoivent non plus aucune atteinte. Dans les Etats gouvernés par le pouvoir arbitraire, un Prince est obligé quelquefois de faire périr de bons Ministres, parce qu'on sçait qu'il le peut; & il ne ſçauroit alléguer ſon impuiſſance à une populace furieuſe, ou à une ſoldateſque inſolente. Son pouvoir exorbitant eſt une malédiction ſur lui comme ſur ceux qui le ſervent : à force d'avoir de l'autorité, il n'en a alors aucune, & ce qui eſt le pis, il ne lui reſte pas celle de protéger & de garantir, véritable fonction d'un Gouverneur & d'un Pere : il n'a que celle de tuer & de détruire, qui eſt celle d'un ennemi & d'un bourreau. C'eſt le plus mauvais côté du deſpotiſme à l'égard du Prince & de ſes ſerviteurs, que d'être condamnés à ne pas agir ſelon leur choix, mais d'être réduits à la plus terrible des ſervitudes, celle d'exterminer ou de périr. Cette funeſte ſituation a été ſouvent celle des plus grands Monarques de la terre : ce fut celle d'*Othon*. On ne trouva pas qu'*Othon* eut aſſez d'autorité pour empêcher les violences : juſqu'alors il avoit eu ſeulement celle de les commander. Il en fut de même de *Vitellius*, il ne lui reſta aucune autorité, ſoit pour ordonner, ſoit pour défendre, & il ne fut Empereur que tout le tems qu'il fallut pour cauſer la guerre. Il en fut encore de même de pluſieurs Empereurs ſuivans. La choſe eſt commune en Turquie. Qui peut ſervir ces Princes tranquilement ? Ils peuvent faire mourir ceux qui n'exécutent pas leurs ordres quelqu'injuſtes qu'ils ſoient, & ne ſçauroient protéger ceux qui les exécutent tout innocens qu'ils puiſſent être.

XII. Je ne dirai pas, que Dieu gouverne par une regle que nous connoiſſons, ou que nous pouvons connoître, & ſur la connoiſſance de laquelle, il appelle aux hommes, pour la juſtice de ſa conduite à leur égard. Mais je puis dire que Dieu fait toujours ce qu'il eſt le plus convenable de faire, & que cette convenance réſulte des différentes natures, & des différens rapports des choſes; de façon que comme Créateur de tous les ſiſtêmes, par leſquels les natures & les rapports ſont établis, il s'eſt preſcrit à lui-même des regles qu'il suit comme Gouverneur de chaque sistême des Etres. En un mot, Dieu est un Monarque non arbitraire, mais un Monarque limité; limité par les regles de sa sagesse infinie prescrites à son pouvoir infini. Je connois très-bien le défaut de ces expressions; mais quand nos idées sont imparfaites, nos expressions le sont aussi. Cependant les idées que nous sommes capables de nous former des attributs de Dieu, & de leur exercice dans le gouvernement de l'Univers, peuvent servir à nous faire concevoir l'injustice du despotisme. Si le droit de gouverner sans aucune regle, & par une volonté arbitraire, n'est pas essentiellement attaché à l'idée que nous nous formons de la Monarchie de l'Etre suprême, il est bien ridicule de supposer que ce droit soit nécessairement renfermé dans l'idée d'une Monarchie humaine; & lorsque Dieu dans ses idées éternelles, s'est prescrit à lui-même des regles par lesquelles il régit l'Univers qu'il a créé, il seroit bien ridicule d'assurer que l'idée de Monarchie humaine ne sçauroit subsister, si les Rois sont obligés de gouverner suivant des regles établies par la sagesse d'un Etat qui étoit un Etat avant qu'ils fussent Rois, & par le consentement d'un peuple qu'ils n'ont certainement pas créé.

XIII. Du despotisme à la tirannie il n'y a qu'un pas. La seule crainte de devenir un jour tiran devroit inspirer de l'horreur pour le despotisme. Qu'on jette les yeux sur la tirannie & ses tristes effets, & l'on conviendra qu'un Prince qui s'y livre, est le plus grand de tous les fléaux : sa tirannie fait une infinité de malheureux pour le rendre lui-même la plus déteslable & la plus horrible de toutes les créatures ; celle dont on souhaite le plus la destruction. L'horreur qu'on a pour lui, & les dangers où il s'expose, augmentent à mesure qu'il s'agrandit, & qu'il prend des précautions pour sa sureté. La mort funeste de la plupart des tirans doit les convaincre, que leurs armées & le nombre de leurs gardes bien loin de les mettre en ſureté, c'eſt de là qu'ils ont le plus à craindre. Quelle étrange malédiction à une créature douée de la faculté de penſer, d'être obligée de ſe regarder comme l'ennemi déclaré de tout ce qu'il y a d'aimable & de deſirable parmi les hommes; de leur liberté & de leur bonheur; de ſa propre ſatisfaction & de ſa ſureté; de ſon innocence & de ſa vraie gloire. Les chaines dont il charge ſes ſujets, augmentent leur haine contre lui, & par conſéquent ſes craintes. Après qu'il a perdu leur affection & la confiance de ceux ſur qui il devoit le plus ſe repoſer, il eſt forcé de ſe ſervir pour garder ſa perſonne de mercenaires eſclaves du vice & de l'oiſiveté; ou de gens à qui il a fait quitter une honnête induſtrie par ce nouvel emploi; de miſerables qu'il tire quelquefois du milieu des rues & des priſons. Il eſt réduit à craindre tout homme qui a de la bravoure; & celui-là même qui combat pour ſon Prince, qui fait des conquêtes pour lui

lui & qui le garde, ne fait que s'exposer davantage à la jalousie du Prince, à ses mépris & à ses remords.

XIV. Que sont les grandes places, si l'on n'y fait pas de grands biens? Est-on heureux de se trouver au-dessus des peuples, uniquement pour les accabler? Et pour sentir toutes les douceurs de l'autorité, faut-il que les autres en sentent tout le poids? Non : la providence y a pourvu. Jamais le cœur humain ne trouvera sa liberté à faire des esclaves. La tirannie porte la premiere les fers qu'elle donne. Les soupçons, les craintes, le mépris, la haine publique qui l'investissent nuit & jour, chassent loin d'elle le calme, le repos, la joïe. Livrée à ses propres fureurs, elle est elle-même son supplice, & venge sans cesse l'humanité des coups funestes qu'elle lui porte.

XV. Qu'est-ce qu'un Prince qui n'a plus d'appui que la force & sa propre volonté? Un conquérant de son patrimoine, un général qui aura bientôt de dangereux Lieutenans, un homme armé près de son foyer, & qui dort avec des pistolets sous son chevet. Un Souverain n'est-il pas dans une position préférable quand il peut dire, je suis tout, tout réside en moi, tout l'Etat interessé à ma conservation, veille pour moi, combat pour moi, agit pour moi; parce que chaque corps sçait en particulier que ses immunités, son état, son repos dépendent de ma conservation, de celle de mon pouvoir, de celle de ma famille: ce tout ensemble fait un corps indissoluble qui tient à des loix qui sont toutes à mon avantage; je regne, je fais des heureux & je le suis? Tel est l'Etat heureux dont les partisans du despotisme voudroient faire décheoir les Monarques.

XVI. Les hommes emportés par le torrent d'une autorité sans bornes, songent rarement au tems où ils peuvent se trouver dans le malheur; & les grands ne pensent pas que leur grandeur puisse jamais finir. Il semble que ce soit une eſpece de malédiction attachée au pouvoir ſuprême, que la vanité & l'entêtement; comme s'il étoit poſſible & même facile de fixer l'inconſtance de la fortune, & de s'aſſurer du bonheur durant un certain nombre d'années. C'eſt ſur cette confiance inſenſée qui ſe trouve même dans de fort habiles gens, que ceux qui ſont en place agiſſent avec une hardieſſe & une inſolence auſſi grandes, que ſi leur autorité ne devoit jamais finir, & comme s'ils devoient être toujours à couvert de toute reddition de compte, de tout évenement & de toute ſorte de diſgraces. D'où pourroit venir ſinon de cette ſécurité aveugle, que les Miniſtres ont ſouvent concerté des projets d'une oppreſſion & d'un pillage univerſel, des projets pour avilir ou pour éluder les loix, pour limiter la liberté, & des plans d'un gouvernement arbitraire? Se ſeroient-ils aviſé de concerter des meſures d'oppreſſion, s'ils euſſent penſé qu'ils pouvoient un jour ſouffrir de l'oppreſſion commune? Auroient-ils donné leur suffrage pour affoiblir ou abroger les loix, s'ils avoient pensé qu'ils pourroient avoir besoin de la protection des loix? Auroient-ils visé à abolir la liberté, s'ils eussent craint de décheoir de leur autorité? N'ont-ils pas établi le despotisme pour s'en servir contre les autres sans en sentir le poids & la terreur en leur particulier?

XVII. Le Prince ne sçauroit trop conserver, respecter les loix fondamentales de l'État, puisqu'elles tendent toutes au maintien de sa grandeur & de son patrimoine. Et quoi! tandis qu'un pere de famille est attentif à lier par des loix particulieres les fondemens de sa maison, qu'il établit des substitutions, qu'il regle tout par des actes authentiques, dans la crainte qu'une mauvaise administration venant à succeder à la sienne, son héritage ne soit dissipé; comment peut-on dire à ses héritiers de passer outre, & de se mocquer de toutes les loix & dispositions du testateur? Comment ose-t-on conseiller à un Prince d'annuller les regles établies dans son Etat, pour en ramener toute administration à sa volonté ? Et qu'est-elle cette volonté ? Les Rois sont hommes & sont comme nous sujets à des passions & à des variations : les idées même les plus fixes sont entierement différentes dans trois âges de la vie ; à vingt ans, à quarante & à soixante. L'État aura donc ses fougues, ses infirmités ; & les peuples demanderont chaque jour dans les prieres publiques de le voir tomber en décrépitude ? Non, un Prince sage ne sçauroit avoir de semblables pensées.

XVIII. Un Prince ne doit pas ignorer combien il est avantageux de conserver la bonne opinion que les peuples ont conçue de lui : il est impossible d'en réparer la perte. Lorsqu'ils commencent une fois à concevoir une mauvaise opinion de leur Souverain, il n'est point de mal ensuite qu'ils n'en croient. A l'égard d'un Souverain, perdre l'estime des peuples, & encourir leur haine, c'est presque la même chose.

Il n'y a point à cela de milieu ; s'il y en a, on peut dire que le mépris ne vaut guere mieux que la haine, & que ces deux choses vont presque toujours ensemble.

XIX. Un Prince souhaite-t-il de vivre tranquilement & de conserver son crédit ? Qu'il suive une regle sure & invariable qui est celle des loix ; qu'il ne prenne que ce qui lui est dû. Plusieurs Souverains à force de vouloir tout avoir, ont tout perdu. La Couronne leur est tombée de la tête pour avoir voulu la charger d'ornemens faux & odieux que leur fournissoient leur caprice & leur imprudence. Lorsqu'ils ont voulu user d'un pouvoir illégitime, l'autorité même que leur donne la loi, leur a été arrachée. Ils apprennent à leurs sujets à usurper ce qui ne leur appartient point, à commettre des violences pour la défense des loix que le Prince viole ; à se faire juges dans leur propre cause, & à consacrer tout ce qu'ils obtiennent par force. Plutôt que de se soumettre à des conditions onéreuſes, le peuple en impoſe lui-même, & ſe perſuade qu'il n'eſt point obligé d'être fidele à qui lui manque de foi. Qui n'aimeroit mieux un don gratuit qu'un pillage? C'eſt la différence qu'il y a entre l'autorité conférée & la puiſſance uſurpée. Quelle eſt l'augmentation des revenus, capables de dédommager un Souverain de la perte du cœur de ſes ſujets qu'il a aigri & aliéné? Perſonne n'ignore dans quelles horreurs, dans quel déſeſpoir les *Céſars* ſe trouvoient, lorſqu'ils exerçoient une puiſſance ſans bornes. Machiavel dit que lorſqu'un Prince a une fois encouru la haine publique, il n'eſt rien qu'il ne doive craindre.

Celui qui ne fait point de mal, n'en craint point; mais ceux qui ſont une ſource continuelle de terreurs & de calamités pour les autres, ont beaucoup de raiſon d'être dans des craintes continuelles pour eux-mêmes. Combien plus eſt deſirable la condition d'un Prince qui regle ſa vie & ſon gouvernement par les loix ? Il les exerce ſur un peuple libre, & ſes ſujets y donnent leur conſentement. Les loix & les ſujets ſont ſes gardes; & ce qui les met en ſureté, y met auſſi le Souverain. Il connoît qu'il eſt aimé des peuples, & il eſt convaincu qu'il mérite leur affection. C'eſt là le vrai gouvernement, & ce ſont là ſes effets. Ce n'eſt pas l'orgueil & l'extravagance, ni les inſultes triomphantes d'un ſeul homme ſur des peuples entiers, ni par conſéquent leur défiance, leur averſion, & une crainte ſervile de leur part : c'eſt plutôt une adminiſtration puiſée dans le droit & dans l'équité dont les principes ſont éternels, puiſée dans les loix établies & dans la probité. Que ce ſoit un commerce perpétuel de confiance entre le Prince & ſes ſujets : qu'on voie d'un côté les ſoins & la protection d'un pere, & de l'autre le reſpect & la reconnoiſſance qu'un pere a droit d'exiger de ſes enfans. Quel plaiſir pour une ame bienfaite & généreuſe, de faire le bonheur & la conſolation de tout un peuple, & de voir que tout un peuple le comble de bénédictions ? Quel maître d'esclaves avec une autorité sans bornes peut se glorifier de ce bonheur ? La grandeur d'un tel Prince n'est qu'une grandeur en peinture ; il n'est jamais en fureté, parce que son regne n'est pas innocent ; & il n'est pas innocent, parce qu'il opprime ses sujets.

XX. N'avoir en gouvernant d'autre regle que sa volonté, c'est regner par violence ; & en user ainsi, c'est faire la guerre. Celui qui devient l'ennemi de ses sujets, les rend réciproquement ses ennemis.

IV.

I. Dès qu'un Prince prend le sceptre en main, tout conspire à le pervertir. L'air contagieux de la Cour, *où l'on tient la vérité captive dans l'injustice*, où presque tous les cœurs sont doubles, & toutes les bouches ouvertes à la fourberie & à l'imposture ; l'éclat du diadême, l'abaissement continuel des petits, le respect assidu des grands toujours prêts à fléchir le genou devant l'idole de la fortune, la facilité de contenter ses inclinations, le pouvoir absolu qui offre tous les charmes du monde aux premiers mouvemens de la concupiscence, mille objets séduisans qui viennent se ranger autour du trône, & qui semblent vouloir l'assiéger, sont les tentations ordinaires de la Royauté, & & les écueils où la sagesse du Prince court souvent risque de faire naufrage.

En effet, qu'il est difficile que de tant d'objets qui font sur les sens des impressions si vives, il ne s'en trouve quelques-uns qui passent jusqu'au cœur! Qu'il est difficile de conserver un esprit d'équité & de droiture dans la région du mensonge & du déguisement! Qu'il est difficile que la vérité puisse se faire jour à travers tous ces obstacles, & percer cette foule de courtisans qui s'efforcent à l'envi de tromper le Prince, & de le faire ou le complice ou le protecteur de leurs passions!

11. Saint Remi vit en esprit qu'en engendrant en Jesus-Christ les Rois des François avec leur peuple, il donnoit à l'Eglise d'invincibles protecteurs. Ce grand Saint & ce nouveau Samuel appellé pour sacrer les Rois, sacra ceux-ci, comme il dit lui-même, pour être *les perpétuels défenseurs de l'Eglise & des pauvres*, digne objet de la Royauté. *Testam. S. Remi ap. flod. lib.* 1. *ch.* 18. Et après leur avoir enseigné à faire fleurir les Eglises & à rendre les peuples heureux, (croyez que c'est lui-même qui vous parle, puisque je ne fais ici que réciter les paroles paternelles de cet Apôtre des François) il prioit Dieu nuit & jour qu'ils perséverassent dans la foi, & qu'ils regnassent selon les regles qu'il leur avoit données, leur prédisant en même tems qu'en dilatant leur Royaume, ils dilateroient celui de Jesus-Christ; & que s'ils étoient fideles à garder les loix qu'il leur prescrivoit de la part de Dieu, l'Empire Romain leur seroit donné, ensorte que des Rois de France sortiroient des

Empereurs, dignes de ce nom, qui feroient regner Jesus-Christ. *M. Bossuet sermon sur l'unité de l'Eglise.*

111. La grandeur des Rois, dit ce même Auteur, est d'être si grands qu'ils ne puissent non plus que Dieu, dont ils sont l'image, se nuire à eux-mêmes, ni par conséquent à la religion, qui est le plus ferme appui de leur trône. La piété est une chose si nécessaire à un Ecclésiastique, que le Monarque a toutes les raisons du monde de ne conférer les Bénéfices qu'à ceux qui lui paroissent des personnes de vertu. Cependant comme on sçait bien se contrefaire quand il y va de son interêt, il n'en faut pas toujours juger par les apparences, & il est bon de faire passer les gens par l'étamine. *Testam. politiq. de M. Colbert.*

Si le malheur des tems partage ses sujets entre la vérité & le mensonge, fait voir dans une même terre des peuples divisés par la diversité du culte & de la croyance, il renversera, comme un autre Josias, les temples profanes, démolira les autels

autels élevés à l'erreur ; & employant tantôt la force & tantôt la douceur, il prendra les voies les plus propres pour déraciner le mal, réunira les esprits par les liens d'une même foi, & accoutumera tous ses sujets à vivre en paix les uns avec les autres, sous les loix d'un même gouvernement.

IV. L'Ecriture Sainte est le guide fidele des Rois. Dans ce livre Divin sont renfermés les trésors de science & de sagesse qui faisoient l'objet des desirs & des empressemens du jeune Salomon. Là, sont tracées les maximes & les loix d'un parfait gouvernement. Là, on voit les secours que Dieu accorde aux Rois justes, & les châtimens dont il se sert contre les Rois superbes & impies. On y voit comment d'un souffle il dissipe les armées, il renverse les Empires, il met les vainqueurs à la place des vaincus. On y voit comment il arme quelquefois de sa foudre les méchans pour punir d'autres méchans ; & comment pour fortifier ses menaces, il brise à leur tour les redoutables inſtrumens de ſes vengeances.

v. Le parfait Souverain ne voit ſa grandeur que dans l'accompliſſement des loix du Seigneur. Il comprend qu'à Dieu ſeul appartient la Majeſté, l'honneur & la gloire; que l'autorité des Princes releve de ſon Empire, & qu'ils ne peuvent ſans crime la rapporter à eux-mêmes. De là cette modeſtie au milieu des grandeurs qui l'environnent. De là cette piété qui le conduit chaque jour aux pieds des autels pour lui faire rendre hommage de ſa puiſſance à celui qui eſt ſeul grand, ſeul puiſſant, ſeul redoutable, ſeul principe & ſeul terme de tout. De là cette fidélité à marcher conſtamment dans les ſentiers de la juſtice, à chercher les connoiſſances néceſſaires, à rejetter celles qui ne tendent qu'à contenter une vaine & dangereuſe curioſité, à ne rien omettre de ce qui eſt dû à l'édification de ſon peuple, à embraſſer tout ce qui peut ſervir à ſa propre ſanctification : de là cette ſenſibilité pour les interêts de l'Eglise. Il ne se réjouit, il ne s'afflige que de ce qui peut la réjouir ou l'affliger. Quelles allarmes au moindre bruit de division parmi les Pasteurs ! Que de sages moyens employés pour concilier les esprits & les ramener tous à l'unité de la doctrine !

VI. Dieu a puni dans le premier Roi de son peuple la premiere désobéissance au premier commandement qui lui avoit été fait ; afin que comme la plus ordinaire & la plus grande tentation de ceux qui commandent, est de se soustraire de la dépendance de Dieu, & d'aimer à se conduire selon leur gré ; la dégradation & la réprobation du premier Roi d'Israël apprit à tous les Rois suivans, combien les moindres fautes des supérieurs sont énormes ; combien Dieu exige plus rigoureusement d'eux que des inférieurs, qu'ils soient ponctuels & exacts à obéir à ses ordres, & combien le compte qu'ils rendront un jour à son tribunal, sera terrible.

VII. Ce ne sont jamais les bons

sujets qui manquent au Roi ; c'est le Roi, qui manque aux bons sujets. La grande difficulté sera toujours de rencontrer un Prince qui ne cherche point dans le Ministre de ses affaires, le Ministre de ses goûts & de ses passions ; qui unissant beaucoup de sagesse à beaucoup de pénétration, prenne sur lui de n'appeller à remplir les premieres places, que des personnes dans lesquelles il aura connu un aussi grand fond de droiture & de raison, que de capacité ; enfin qui ayant lui-même des talens, n'ait point le foible de porter envie à ceux des autres. Cette jalousie du mérite dans le Souverain, qui suppose pourtant qu'il en a lui-même, fait en un sens plus de mal dans un Etat, que la haine qu'on lui connoit pour certains vices, n'y fait de bien. *Memoires de Sully tom.* 1. *pag.* 561.

On veut jouir & être heureux ; c'est le partage du présent : & malheureusement, il y a telle conjoncture de politique & de gouvernement, qui demande qu'on recule ſagement cette jouiſſance, & l'accompliſſement de ce bonheur, dans dix ans, vingt ans, cinquante ans, & quelquefois plus. Comment faire gouter cette privation à la multitude, & à ce petit nombre de perſonnes, qui pouvant s'élever par leurs lumieres au-deſſus de la multitude, lui demeurent attachées par les mêmes deſirs? Il n'en eſt pas ainſi d'un Roi bon & ſage, ou d'un Miniſtre qui le repréſente & fait ſes fonctions. Ce Prince doit travailler, il eſt vrai, pour le bonheur de ſes ſujets: mais il ſçait en même tems, que pour vouloir trop anticiper ce bonheur, on le manque preſque toujours; que quand il eſt manqué, il n'y a plus de proportion entre le mal trop réel où cette erreur précipite, & le mal ſeulement idéal & imaginaire dont tous les hommes ſe plaignent dès là qu'il leur manque quelque choſe. Qu'un Etat eſt heureux, lorſqu'il ſe conduit par des principes de gouvernement qui le mettent ſur la voie de l'être. Son Souverain foule aux pieds tout interêt particulier & passager pour tendre à ce bien général. Sa qualité de Roi ne le rend pas moins le pere de ses sujets qui ne vivront que dans trois ou quatre générations, qu'il l'est de ceux qui vivent aujourdhui ; & lui fait envisager la fausse tendresse qu'il auroit pour ceux-ci aux dépens des autres, comme la prédilection qu'un pere conserveroit pour quelques-uns de ses enfans, sçachant qu'elle doit ruiner sa famille. *Mémoires, de Sully tom. 2. pag. 379.*

L'Empereur Vespasien étant malade de la maladie dont il mourut, ne laissoit pas de vouloir entendre l'état de l'Empire, & dans son lit même dépêchoit sans cesse plusieurs affaires de conséquence ; & son médecin l'en tançant, comme de chose nuisible à sa santé, *il faut*, dit-il, *qu'un Empereur meure de bout.* Voila un bon mot, à mon gré, & digne d'un grand Prince. Adrian l'Empereur s'en servit depuis à ce même propos : & Et le devroit-on souvent ramentevoir aux Rois pour leur faire sentir, que cette grande charge qu'on leur donne du commandement de tant d'hommes, n'est pas une charge oisive; & qu'il n'est rien qui puisse si justement dégouter un sujet de se mettre en peine & en hasard pour le service de son Prince, que de le voir appoltronni cependant lui-même à des occupations lâches & vaines; & d'avoir soin de sa conservation, le voyant si nonchalant de la nôtre. *Essais de Montagne tom. 3. pag. 145.*

C'est une espece de pusillanimité aux Monarques & un témoignage de ne point sentir assez ce qu'ils sont, de travailler à se faire valoir & paroître par dépenses excessives. Ce seroit chose excusable en pays étrangers: mais parmi ses sujets, où il peut tout, il tire de sa dignité le plus extrême dégré d'honneur où il puisse arriver. Comme à un Gentilhomme, il me semble qu'il est superflu de se vêtir curieusement en son privé; sa maison, son train, sa cuisine répondent assez de lui. Il en est sur qui les belles robes pleurent. Nous avons des contes merveilſeux de la frugalité de nos Rois autour de leur perſonnes, & en leurs dons: grands Rois en crédit, en valeur & en fortune. Démoſthenes combat à outrance la loi de ſa ville qui aſſignoit les deniers publics aux pompes des jeux & de leurs fêtes: il veut que leur grandeur ſe montre en quantité de vaiſſeaux bien équipés, & bonnes armées bien fournies. *Eſſais de Montagne tom.* 4.

Loin d'ici ces maximes de la flatterie, que les Rois naiſſent habiles, & que leurs ames privilègiées ſortent des mains de Dieu toutes ſages & toutes ſçavantes. Tout nous avertit, tout nous crie que l'ignorance eſt le partage de tous les hommes, que la grandeur de la naiſſance ne change rien à l'ordre de la nature, & que les Princes ne peuvent non plus que les autres, parvenir à aucune ſcience ſans le ſecours du travail & de l'application. De ce principe inconteſtable, il eſt facile de paſſer à cet autre, que la Royauté étant de toutes les conditions celle qui a le plus de devoir à remplir ; elle demande une plus grande étendue de connoiſſances, & par une conſéquence néceſſaire, une étude plus profonde, plus ſuivie, plus reglée.

Ce n'eſt pas aſſez aux grands Princes de n'ouvrir jamais la bouche pour mal parler de qui que ce puiſſe être, mais la raiſon requiert qu'ils ferment les oreilles aux médiſances & aux faux rapports, & qu'ils chaſſent & banniſſent ceux qui en ſont les auteurs, comme peſtes très-dangereuſes, qui empoiſonnent les Cours & les cœurs des Princes, & l'eſprit de tous ceux qui les approchent. Si ceux qui ont libre accès aux oreilles des Rois ſans le mériter, ſont dangereux ; ceux qui en poſſedent le cœur par pure faveur, le ſont bien d'avantage ; puiſque pour conſerver un tel tréſor, il faut par néceſſité que l'art & la malice ſupléent au défaut de vertu qui ne ſe trouve pas en eux. *Teſtament du Cardinal de Richelieu pag.* 237.

La toute-puiſſance de Dieu, ſa

ſageſſe infinie, & ſa providence n'empêchent pas qu'il ne ſe ſerve en ce qu'il pourroit faire par ſon vouloir, du miniſtere des cauſes ſecondes ; & par conſéquent les Rois, dont les perfections ont des bornes, au lieu d'être infinies, commettroient une faute notable, s'ils ne ſuivoient ſon exemple.

VIII. Mais d'autant qu'il n'eſt pas en leur puiſſance, comme en celle de Dieu, de ſuppléer aux défauts de ceux dont ils ſe ſervent, ils doivent être extrêmement ſoigneux de les choiſir les plus parfaits & les plus accomplis qu'ils pourront.

Beaucoup de qualités ſont requiſes pour faire un bon Conſeiller. On les peut néanmoins réduire à quatre ; ſçavoir, à la capacité & à la fidélité, au courage & à l'application, qui en comprennent pluſieurs autres. *Teſtam. du Cardinal de Richelieu.*

IX. Il n'y a point de place au monde, qui pour forte qu'elle ſoit en elle-même, puiſſe ſe garantir d'être emportée à la longue, ſi elle ne défend ses déhors avec soin. Il en est de même des plus grands Rois, qui ne sçauroient conserver leur autorité en leur entier, s'ils n'ont un soin extraordinaire de la soutenir dans les moindres de leurs Officiers, proches ou éloignés de leurs personnes, qui sont des pieces de déhors que l'on attaque les premieres; la prise desquelles donne la hardiesse de faire effort contre celles de dedans, bien qu'elles semblent imprenables, comme sacrées & attachées à la propre personne des Rois. *Test. de Richelieu.*

Les anciens Rois ont fait un état si particulier du cœur de leurs sujets que quelques-uns ont estimé qu'il valoit mieux par ce moyen être Roi des François que de la France.

Et en effet, cette nation a été autrefois reconnue si passionnée pour ses Princes, qu'il se trouvent des auteurs qui la louent d'être toujours prête à répandre son sang, & dépenser son bien pour le service & pour la gloire de l'Etat.

Sous les Rois de la premiere, seconde & troisieme race jusqu'à Philippe-le-Bel, le trésor des cœurs a été le seul bien public qui se conservoit en ce Royaume. *Test. de Rich.*

x. Sans le secours de la probité, le Souverain peut-il gouter le plaisir de la domination? Objet de la défiance publique, il ne connoit du sceptre que le poids, & il ne sent qu'il est maître que par les soupçons qui l'agitent, & par les soins qui le dévorent. Voisins, sujets, tous sont également en garde contre lui. Les premiers ne se prêtant à ses vues, même les plus légitimes qu'à force d'évidence, exigeront des suretés indignes de la Majesté du trône: les seconds, jouets malheureux de la mauvaise foi, chercheront à se venger du moins par la haine & par le mépris des injustices palliées dont ils furent si souvent les victimes; les uns & les autres enfin retenus, glacés par la défiance, ne pourront être mis en mouvement que par une succession continuelle d'artifices & de violences; triste ressource pour un Monarque, &

toujours

toujours auſſi funeſte à ſa tranquilité qu'à ſa gloire.

Soins dévorans, ſoupçons inquiets, vous êtes abſolument ignorés du Prince qui s'eſt fait une réputation par ſon intégrité. Il ne regne point aux dépens de ſon repos. L'idée que l'on a de ſes vertus, lui ſauve ces ſoucis, ces allarmes qui abſorbent toute l'attention de la plupart des Souverains, & qui les rendent inſenſibles à ce que la Couronne peut avoir de plus flatteur. Perſuadés de la droiture de ſes intentions, les peuples ont en lui une confiance aveugle; & comme ſi la ſagacité étoit inſéparable de la bonne foi, ils le croient également incapable, & d'être ſurpris & de ſurprendre.

Un Prince qui eſt naturellement foible, ou ce qui revient au même, qui ayant de l'habileté n'en fait aucun uſage, ne ſçauroit manquer d'être obſédé d'un grand nombre d'hommes ſans mérite qui s'attroupent autour de lui comme une bande de voleurs autour d'un riche butin. Ils ont la même ardeur à éloigner d'auprès du Prince tous ceux qui ne ſont pas auſſi méchans qu'eux. S'ils le voient foible, ils le rendent mauvais; s'ils le trouvent mauvais, ils le rendent encore pire. S'ils ne peuvent pas lui inſpirer la cruauté, ils lui inſpirent au moins la fainéantiſe, qui à l'égard d'un Prince eſt une vraie cruauté. Celui qui gouverne un peuple, devant être plus vigilant qu'aucun de ſes ſujets, un Prince qui néglige les affaires, quelque bien intentionné qu'il ſoit, eſt exposé à être continuellement trompé & égaré : car s'il n'a pas l'expérience & l'attention néceſſaires, il n'en ſçauroit porter un bon jugement. Il faut qu'il s'en rapporte à autrui; ce qui le livre entierement à ſes Miniſtres dont il n'eſt plus que l'inſtrument.

La ſuprême puiſſance & une grande proſpérité ſont des avantages très-propres à faire tourner la tête & enfier le cœur. Les Princes qui ſouhaitent ſincerement de ne pas tomber dans l'yvreſſe & dans l'insolence naturellement attachées aux premieres places, doivent se figurer de tems en tems qu'ils sont dans l'infortune, & considérer avec quelle facilité leur Etat peut changer; ils devroient au moins se mettre à la place de ceux qui sont leurs sujets ou leurs inférieurs, & en user avec eux comme ils voudroient qu'on en usât. Considérant combien l'esprit de vertige causé par la prospérité suspend & obscurcit les fonctions de l'entendement, ils devroient modérer leur joie, étouffer leur vanité & leurs autres passions pour consulter leur raison & en faire usage. Au lieu de cela, les grands ne se dépouillent de la satisfaction qu'ils ont d'eux-mêmes que quand elle les quitte : ils n'écoutent la raison que quand ils n'en peuvent tirer aucun avantage, & qu'elle ne sert plus qu'à les tourmenter par des remords. *Crœsus* Roi de Lydie trouvoit insuportables les discours de *Solon* qui lui disoit la vérité en honnête homme, & qui ne vouloit point encenser son pouvoir & sa prétendue félicité. Lorsque l'infortune & la captivité eurent abbatu l'orgueil de ce Prince & l'eurent ramené à son bon sens, & lorsqu'après s'être vu élevé à un si haut dégré de grandeur & de fortune, il vit les préparatifs du supplice auquel il étoit condamné, il soupira, & prononça trois fois d'un ton lamentable le nom de *Solon*, dont il préféroit alors la sagesse à toutes les richesses du monde.

XI. Il n'y a point de revenu qui puisse soutenir des dissipations continuelles. Les richesses du nouveau monde, les mines du Mexique & du Perou possedées par les Espanols n'ont pu affranchir leur grande Monarchie d'une honteuse pauvreté durant une longue suite d'années sous les derniers regnes, parce que les Finances étoient mal dirigées, prodiguées mal-à-propos à des pensions excessives, & diverties de leur usage légitime qui est le service de l'Etat.

XII. Epargner le peuple, le nourrir & l'enrichir, c'est en quoi conſiſte la vraie & principale libéralité d'un Prince. Cette libéralité eſt déteſtable, qui appauvrit les ſujets. On diſoit avec juſtice d'*Othon*, que ceux qui profitoient de ſes profuſions, ſe trompoient bien, s'ils les recevoient à titre de libéralité. Ce Prince ſçavoit diſſiper l'argent d'une maniere déſordonnée; mais il ignoroit abſolument les regles de la libéralité bien entendue & bienfaiſante. J'admire un ſentiment d'Henri IV. Roi de France, qui étoit véritablement un grand Prince: *il eſperoit*, diſoit-il, *de voir le tems que le plus pauvre payſan de ſon Royaume pourroit mettre une poule au pot.* Cela montroit le véritable eſprit d'un Roi pere de ſon peuple; cet eſprit que chaque Roi devroit avoir, ſans quoi je ne vois pas pourquoi il ſe mêle de regner. Quelle eſt la fonction d'un Roi, ſi ce n'eſt de rendre ſon peuple heureux?

Un Prince contoit à une de ſes maitreſſes combien lui avoit procuré de repos d'eſprit ſon Confeſſeur à qui il avoit communiqué ſon inquiétude sur l'oppression & l'épuisement de son peuple ; que le bon Religieux avoit dissipé tous ses scrupules en l'assurant que tout ce que ses sujets avoient, étoit à lui, & qu'il pouvoit en conscience prendre ce qui lui appartenoit. On dit que la Dame lui répondit d'une maniere franche & juste ; " *êtes-vous* " *assez sot pour le croire* „? Il n'y avoit sans doute point de flatterie, point de vues interessées pour la faveur & les bienfaits de la Cour dans les décisions des questions d'Etat & de conscience de ce saint & impitoyable imposteur qui se servoit de la loi de Dieu pour autoriser l'oppression & sanctifier pareilles énormités. Presque toujours les confesseurs des Princes sont leurs premiers séducteurs.

XIV. Lorsque le Roi Jacques I. demanda à l'Evêque *Néal*, s'il ne pouvoit pas puiser dans la bourse de ses sujets sans les formalités & le consentement des Parlemens, l'Evêque lui répondit rondement qu'il le pouvoit. " *A Dieu ne plaise, Sire,*

« *que vous ne le puissiez, vous êtes le* « *soufle de nos narines.* « Avec ce jargon, & une application impie & burlesque de l'Ecriture, ce Prélat auroit voulu autoriser la subversion des loix fondamentales de l'Etat, & lâcher la bride au Roi pour dépouiller ses sujets, au mépris du devoir d'un Roi, du serment prêté à son sacre, & de la constitution du Royaume. Pourquoi la loi n'a-t'elle point ordonné des châtimens pour un tel parricide, empoisonneur, ennemi déclaré des loix, & de la liberté ? On prononce avec justice que projetter la mort d'un Roi est un crime de haute trahison. L'Evêque projettoit la destruction de l'Etat. Il y a apparence que cet impie pédant ne se porta à cet excès de méchanceté & d'imposture, que pour complaire au Roi, favoriser l'Episcopat, & se frayer le chemin aux honneurs Ecclésiastiques. J'ignore dans quel autre sens le Roi pouvoit être le souffle des narines de l'Evêque. Ce dont je suis certain, est que c'auroit été un faux compliment dans la bouche des peuples, s'ils avoient été dépouillés & volés contre la disposition de la loi, selon le desir du bon Prince, & le sentiment du pieux Evêque. Ce misérable motif dans une ame basse comme la sienne, étoit supérieur au bonheur de la société civile, aux loix de la patrie, &c.

Croire en Dieu, mettre sa confiance en lui & l'adorer, c'est le devoir d'un Prince comme de tous les autres hommes: mais de faire du mal & du chagrin aux hommes pour l'amour de Dieu, c'est une méchanceté étonnante & une vraie frénesie. La conscience est le bien le plus sacré, & a un droit aussi juste à la protection du Souverain que peuvent l'avoir la vie & les biens temporels de ses sujets. Si les différens sur la Religion causent des disputes parmi le peuple, de même que la propriété des biens temporels; c'est le devoir d'un Prince de tenir la balance égale parmi ses sujets dans les controverses de Religion, comme dans leurs procès sur l'argent ou sur les terres. Dans l'un & dans l'autre cas, il faut suivre les loix, la raison, les titres, & empêcher qu'on ne décide les sentimens sur la Religion, non plus que les procès dans les matieres civiles, par la force & par la violence.

XV. Si l'état de sujet emporte un engagement de respect, de fidélité, d'obéissance envers le Prince, l'état de Prince renferme un engagement de justice, de protection, de vigilance & de bonté paternelle envers les sujets. La justice est le premier devoir des Souverains. Ce n'est que par occasion qu'ils ont des ennemis à combattre. Leur fonction essentielle est de gouverner équitablement leurs sujets en défendant les foibles contre l'oppression des plus forts, en fixant les prétentions, & faisant rendre à chacun ce qui lui appartient. Aussi les Rois furent-ils long-tems eux-mêmes les juges des peuples : ils partageoient leur application entre la conduite de l'Etat & le repos des particuliers. Mais depuis que l'esprit d'interêt, de fraude, de division a défiguré la face du monde & multiplié les différens, les Princes ont été obligés d'appeller les sages à leur secours & de les associer à leurs fonctions.

Cependant, quoique déchargés par là d'une partie de leurs soins, ils répondent à Dieu de ceux qu'ils emploient ; & s'ils ne remplissent les premieres places de la Magistrature d'hommes sçavans, judicieux, integres, ils se rendent coupables de toutes les injustices & de tous les désordres que peuvent causer les passions & l'ignorance.

XVI. C'est au Roi de venger la société troublée, en punissant celui qui désobéit à la loi ; ses sujets au contraire, s'il viole la justice à leur égard, n'ont pas droit de lui en demander raison ; mais son injustice porte naturellement avec elle son châtiment ; & telle est la disposition de la providence, que la ruine de son autorité naît de l'abus même qu'il en a fait.

Envain l'orgueil des Rois attribue à des causes surnaturelles les révolutions des Etats. Leur punition les épouvanteroit moins, si elle exigeoit des miracles. La chûte du Roi injuste n'a droit de nous étonner que comme un coup de foudre par son bruit & par son éclat : produite par son injustice, elle entre comme les moindres évenemens, dans l'ordre naturel des choses. Sa cause est ordinaire. D'où vient qu'elle est si peu connue ? Le sentiment de la dépendance abbat l'ame du peuple, & l'empêche de lever sa vue sur un ordre de la providence qui feroit sa consolation. Les Rois éblouis de l'eclat de leur grandeur, n'en apperçoivent pas le veritable fondement. Les uns & les autres reconnoissent la juste subordination des sujets à leur Roi ; mais le sage nous découvre la subordination naturelle de la puissance du Prince à la justice.

Attachons-nous à ses paroles : *le trône du Roi*, dit-il, *qui rend la justice aux pauvres dans la vérité, subsistera éternellement.*

XVII. L'univers doit sa sureté à l'ordre merveilleux que nous admirons dans les globes immenſes & ſans nombre qui le compoſent. Soumis à des loix invariables, la variété de leur mouvement n'y met point de confuſion; leur opoſition même, bien loin de les détruire, les conſerve. Mais hors de ces regles, l'aſtre le plus brillant produiroit les effets les plus funeſtes. L'aſtre le plus éloigné, même le plus obſcur, ſuffiroit pour mettre en danger tous les autres; & la terre, ſoit que fixe au centre du monde elle voie en repos tout le firmament ſe mouvoir pour elle, ſoit que confondue avec les autres corps céleſtes elle leur rende par ſon mouvement le ſecours qu'elle en reçoit, doit reconnoître que de ces loix invariables de leur mouvement dépend ſa conſervation, & que leur déſordre entraineroit infailliblement ſa ruine.

Tel eſt le corps politique d'un Etat. Compoſé d'une infinité de conditions différentes, c'eſt la juſtice qui le ſoutient. L'inégalité des biens entretenue par des loix égales, rend tous ſes membres utiles les uns

aux

aux autres ; l'oppoſition même de leurs interêts conſtamment retenue par le frein des loix, entretient dans l'Etat ce mouvement qui le conſerve.

Mais ſi les loix molliſſent ſous l'autorité des grands, ils accableront les petits. Si elles ne ſervent de défenſes aux petits, leur accablement privera bientôt de tout ſecours ceux qui l'auront cauſé : & le Roi, ſoit qu'il conſidere ſes ſujets comme des hommes nés pour ſon ſervice & pour ſa gloire, ſoit que plus éclairé il ſe croie né lui-même pour rendre ſes ſujets bons & heureux, doit reconnoître que la juſtice eſt le fondement de ſon trône, & qu'il ne peut pas plus regner ſans elle que ſans Etat.

Un des principaux pivots, apuis & fondemens d'une Monarchie, République ou Etat populaire, conſiſte aux Magiſtrats, même de ceux qui ſont perpetuels & ſouverains : deſquels aucun Etat ou forme de gouvernement ne s'eſt oncques peu paſſer, durer, ni vivre ſans iceux.

C'eſt pourquoi ce grand Orateur & Conſeiller d'Etat des Romains, Ciceron, appelle le Sénat, l'ame, la raiſon, l'intelligence d'une République; voulant conclure que la République ne ſe peut non plus maintenir ſans Sénat, que le Corps ſans ame, ou l'homme ſans raiſon. Ce que reconnoiſſant bien tous les peuples, Etats, Princes & Monarques, tant anciens que modernes, François & Etrangers, ont jugé l'autorité & établiſſement des Corps & Compagnies des Juges ſouverains leur être néceſſaires; & les ont appellés de divers noms: car anciennement les Thebains d'Egypte avoient leurs Dynaſtes. Ceux de Crête qu'on appelle Candie, avoient leurs Coſmes; les Lacedemoniens, leurs Ephores; les Athéniens, leurs Areopagites; les Carthaginois, leurs cent & quatre Seigneurs; les Enidiens, leurs Hamichinones; les Hetruſques, leurs Lucumons; les Romains, leurs Sénateurs; les Hébreux, leurs ſeptante Anciens; les anciens Maſſyliens, leurs Thimothés; &

aujourdhui, les Allemans, leur Chambre Impériale ; les Polonois, Venitiens & Milanois, leur Senat ; les Turcs, leur Dinan ; le Roi d'Espagne, ses quatre Cours ; Aragon, sa justice ; Rome, sa Rote ; Naples son Conseil ; Venise, ses quarante ; & ainsi des autres. Comme aussi les anciens Gaulois avoient leurs Druides, qui se tenoient au pays Chartrain ; & depuis, nos François, les Parlemens tant renommés, les tous Magistrats souverains, & la plupart perpetuels ; sans lesquels lesdits Etats n'eussent la moitié tant duré, qu'ils ont : même la Monarchie Françoise peut dire avoir été conservée singulierement pendant les troubles & guerres civiles émues en ce Royaume depuis l'année 1562. & plusieurs fois auparavant durant les guerres longues des Anglois, & autres étrangeres & pendant les interregnes ou absences des Rois, non-seulement par les armes victorieuses de la brave & valeureuse Noblesse; mais aussi par l'autorité, prudence & prévoyance des Parlemens, fermes colomnes & arcs boutans de cet Etat. *Roche Flavin, des Parlemens de France.*

XVIII. Les peuples font toute la richesse du Roi ; c'est là qu'est son véritable trésor : mais ce trésor est bientôt épuisé, si on n'a pas une attention perpétuelle à leur procurer les moyens de le remplir, en favorisant le commerce & la consommation, & en repoussant le traitant & l'usure : car c'est le commerce & la consommation qui fournissent aux peuples les moyens de payer. Si l'un & l'autre diminuent, leurs moyens de payer diminuent aussi dans le même rapport. Dès-là, toute opération de finance nuisible au commerce est pernicieuse. Elle produit dans l'Etat le même désordre, que la conduite de celui qui vit sur son capital, produit dans son propre bien.

XIX. Quel malheur pour un Etat & pour un Souverain, lorsque l'affoiblissement de ses revenus & l'augmentation des dépenses vont de pair. Le Souverain ne paye point alors ni les Finances ni les Négociens desquels il emprunte des sommes considérables ; il leur accorde des surséances, ou des sauf-conduits contre leurs créanciers ; autre désordre qui dérange & trouble encore extrêmement le commerce dans lequel on ne voit presque plus d'argent. Le crédit qui supplée à l'argent comptant, est entierement évanoui. Le discrédit devient universel, le commerce anéanti, la consommation affoiblie de moitié, la culture des terres négligée, les ouvriers passent chez l'étranger. Enfin le peuple est désolé, le paysan mal nourri & mal habillé. Ainsi dès que le Prince ne peut payer, ceux auxquels il doit, ne peuvent pas non plus s'acquitter : donc quand même il n'y auroit pas de diminution, il arrive nécessairement des banqueroutes par le défaut de circulation & de confiance. Un Souverain ne sçauroit faire trop d'attention à tous ces inconvéniens qui tôt ou tard entrainent la ruine de son Royaume.

La culture de la terre & l'industrie sont l'origine & les principes de toutes les richesses dont jouissent les hommes, & par conséquent les deux principaux objets sur lesquels roulent les Finances.

Il s'agit donc de donner aux biens naturels tous les usages qui leur sont propres, d'en rendre l'utilité sensible à nos besoins présens, & d'exciter par leur convenance les besoins des étrangers, afin de nous procurer une circulation de ces biens si prompte au déhors, & par conséquent un prix si supérieur pour nous, que l'Etranger qui restera en défaut sur les équivalens à fournir de sa part, soit contraint de remplir en notre faveur ce défaut en especes d'or & d'argent. C'est là le véritable & l'unique moyen, non-seulement d'empêcher la sortie de notre argent, mais d'attirer celui de nos voisins, & de nous procurer un débit avantageux de nos denrées, & par conséquent aux peuples la facilité de payer les impositions.

La fertilité d'un Etat & l'industrie des peuples sont les deux sources du Commerce. Le Souverain ne sçauroit avoir trop d'attention pour des objets de cette importance.

Quand le Souverain tournera son attention & son zele à rendre le commerce florissant, nous n'aurons nul terrain qui ne profite dans toutes ses propriétés; plus de négligence par rapport à la nature; nulle production qui ne prenne autant de manieres d'être, que l'on peut concevoir d'usages qui lui conviennent; plus d'assoupissement dans les arts. Quel surcroit de force dans la navigation! Quelle vivacité, quelle opulence dans les manufactures! C'est alors que la félicité des sujets sera au plus haut dégré.

C'est le commerce & la navigation qui encherissent les particuliers & l'Etat, qui rendent le Prince plus puissant, plus respecté & plus craint de ses voisins. C'est le Commerce qui nous procure l'or & l'argent, premiers mobiles de toutes les actions: nous n'avons aucune mine de ces métaux: tout l'or & l'argent que nous avons en France, est dû aux soins & au travail du Négociant: il ſert l'Etat en riſquant ſon bien, & quelquefois ſa vie ſur mer, pour nous procurer l'abondance de ce qui nous manque, & le débit de notre ſuperflu. Son but eſt de s'enrichir, il eſt vrai ; mais en s'enrichiſſant, il enrichit le Royaume & le rend plus puiſſant. La Nobleſſe défend l'Etat & le ſert à la Guerre, où elle riſque ſa vie & dépenſe ſon bien. Son but eſt de ſe ſignaler & de s'avancer. Le but de la Nobleſſe eſt plus noble & plus généreux, il faut en convenir ; mais la guerre à la longue conduiroit l'Etat à ſa perte ; le commerce au contraire le rend néceſſairement plus riche & plus puiſſant, le met en état de ſe défendre contre les attaques de ſes ennemis, & la Nobleſſe en ſituation de pouvoir figurer ſelon ſon rang.

XX. Les anciens ſçavoient que leur puiſſance & leurs richeſſes dépendoient abſolument des forces maritimes. Ils n'étoient pas moins perſuadés que Themiſtocle l'avoit été, & que Pompée le fut enſuite, de cette grande maxime ; *qui eſt le maître de la mer, eſt le maître de tout.*

La réponſe que fit l'oracle de Delphe aux Athéniens, de fortifier leur ville avec des murailles de bois pour ſe garantir de l'invaſion de Xerxés, eſt un conſeil que tous les conquérans ont pris pour eux, & dont Louis XIV. s'eſt ſervi ſi heureuſement que ſa puiſſance ſur mer étoit devenue auſſi redoutable aux Anglois, aux Hollandois & aux Eſpagnols, que celle de ſon Ayeul étoit foible.

Si pour être plus puiſſant par terre, il faut être le plus fort par mer, & ſi le Prince qui eſt le maître de la mer, eſt infailliblement le maître ou l'arbitre de ſes voiſins, il n'y a pas à héſiter; quelque dépenſe que puiſſe couter une marine puiſſante, nous la devons faire par préférence à d'autres moins importantes, puiſque l'interêt & la grandeur du Roi, le bien de ſes peuples, & la ſureté de l'Etat l'exigent.

XXI. On néglige trop les *Haras* en France, & on ne les fait pas aſſez valoir. Les ſujets en tireroient un grand profit, & le Roi une grande utilité dans le tems de guerre où l'on est exposé à la discretion des Juifs & des Etrangers, qui nous vendent les chevaux ce qu'ils veulent. Il faudroit pour cela que le Souverain engageât la Noblesse & tous les autres qui possedent des terres en Fiefs, d'entretenir un tel nombre d'étalons & de cavales que leurs terres pourroient nourrir, au lieu de quantité de mauvais chevaux, dont ils ne tirent d'autre profit que le travail.

XXII. De tous les tems, les Anglois & les Hollandois se sont attachés à faire détruire les ports de mer un peu considérables que les François ont eus dans la Manche. Ces ports leur font ombrage & gênent extrêmement leur commerce. Mais leur opposition continuelle est une preuve invincible qu'il seroit utile au commerce & à la navigation en France, d'avoir au moins une retraite assurée pour les vaisseaux vers le milieu de ce détroit. La navigation, la pêche, le commerce & les manufactures sont les quatre colomnes de l'Etat.

V.

1. Ce qui caractérise le despotisme est que les sujets n'ont proprement ni loix ni droits. Par conséquent ce qui conduit au despotisme, c'est la destruction arbitraire des loix, & l'anéantissement des droits des sujets.

Le gouvernement Monarchique au contraire est essentiellement différent d'une telle tirannie. Sa nature est d'être établi, non sur des esclaves incapables de tout droit, mais sur des citoyens qui ont toujours une conscience, à laquelle on ne peut faire aucune violence, lorsqu'elle est droite; qui ont une liberté respectable, tant qu'elle se contient dans les bornes légitimes; & une vie qui ne peut être sacrifiée qu'au bien commun de l'Etat, ou à la rigueur des loix; & qui outre les droits essentiels à tous, peuvent avoir encore des biens, des honneurs, des distinctions propres à ceux qui les possedent, dont l'autorité ne peut les priver que par les loix & selon les loix.

Non-seulement le Souverain dans un Etat Monarchique reconnoit toutes ces sortes de droits dans les citoyens, mais il ne se regarde comme établi de Dieu sur les peuples, que pour les conserver.

Rien n'est plus essentiel à un Etat Monarchique, que d'avoir des loix qui fixent les droits des citoyens, & une justice qui s'arme contre tous ceux qui voudront les violer. Rien ne seroit plus contraire à un Etat de ce genre, que d'être gouverné au hasard & par la volonté toujours incertaine du Monarque. C'est par ce caractere que ce gouvernement est essentiellement différent du despotisme.

Trois caracteres sont donc essentiels à la nature de la Monarchie. 1°. Qu'il y ait des loix fixes & stables : 2°. que les peuples y aient des droits essentiels, assurés & constans. 3°. Que ces loix & ces droits soient tellement fermes, que l'autorité ne puisse

puiſſe en priver perſonne que par les loix & ſelon les loix.

11. Le caractere conſtitutif de la Monarchie Françoiſe conſiſte premierement à être celle de toutes les Monarchies où les bonnes regles du gouvernement ſont les plus inviolables; où les loix ſont les meilleures, & doivent par conſéquent être les plus reſpectées; où les droits des ſujets doivent être le plus en ſureté; où la maxime de ne rien faire que par les loix & ſelon les loix, de ne jamais gouverner au haſard & par la volonté toujours incertaine du Monarque, de n'exercer l'autorité que par juſtice, & non pas à diſcretion, eſt plus eſſentiellement que dans tout autre Etat, la premiere & la plus inviolable des loix.

Il conſiſte en ſecond lieu à la rendre celle de toutes les Monarchies où il eſt plus eſſentiellement véritable, que le Monarque n'eſt établi de Dieu ſur les peuples que pour être le modele des autres Rois, que pour ſe montrer le meilleur & le plus ſage des Rois ; que pour être le pere de ſes peuples, que pour n'avoir plus rien à cœur, après Dieu & la religion, que de fixer le bonheur ſur la tête de ſes ſujets, par l'exacte obſervation des meilleures & des plus ſages des loix, de l'exécution deſquelles il dépend que rien ne manque à leur félicité.

III. Les Rois regnent par les loix, parce que les loix ſont le plus ferme appui de leur trône ; [*cod. de legib.*,] *de authoritate juris noſtra pendet authoritas.* Rien auſſi n'eſt plus important pour les Rois, que de ne laiſſer jamais ébranler l'autorité des loix ; parce que, comme le diſoit l'Abbé Fuger, [*Vie de Louis le Grand*,] le Roi & la loi n'ont qu'une ſeule & même autorité. *Dedecet regem tranſgredi legem, cùm & Rex & Lex eandem imperandi excipiant poteſtatem.* Le Roi, l'État & la Loi forment un tout inſéparable. Affermir l'autorité des Rois & rendre leur ſouveraineté inviolable, maintenir la ſubordination & la tranquilité parmi les ſujets, aſſurer leurs droits & leur liberté légitime, en un mot rendre un Etat immortel, formidable au-dehors, heureux au-dedans; tels ſont les fruits de l'exacte obſervation des loix.

IV. Un Souverain en France ne doit rien avoir tant à cœur que de maintenir les loix fondamentales & eſſentielles de l'Etat, par leſquelles il ſe conſerve un tribunal qui depuis tant de ſiecles a toujours eu la confiance de la Nation, & qu'il doit toujours charger de ces fonctions ſi importantes pour les Rois eux-mêmes; d'examiner ſi on ne lui ſurprend pas de ces mauvaiſes loix, qui plus d'une fois ont renverſé les trônes; d'aſſurer les peuples que les loix du Monarque ſont juſtes, & pour ſe ſervir des expreſſions mêmes de Louis XIV. *d'autoriſer la juſtice des volontés des Rois.* C'eſt-à-dire en d'autres termes, que les Rois, par les loix fondamentales de l'Etat, doivent toujours avoir dans le Parlement un tribunal qui veille ſans ceſſe à leur gloire & à la ſureté de leur trône, en les avertiſſant avec courage de ce qui pourroit leur échapper de contraire à la paix & à la félicité des peuples.

v. Le Parlement eſt le dépoſitaire des loix ; il en eſt le miniſtre eſſentiel, parce qu'en effet il eſt ſpécialement chargé par les Rois de veiller à la ſureté du trône, d'en conſerver l'autorité, & de faire obſerver ces loix qui ſont la ſureté du Prince & de la paix des peuples. *Vous êtes, Meſſieurs, les dépoſitaires des droits ſacrés de la Couronne... Le Roi vous a confié cette portion de ſon autorité.* C'eſt ce que M. le Garde des Sceaux d'Armenonville diſoit au Parlement dans le lit de juſtice en 1723. *La garde & la conſervation des loix appartiennent naturellement à nos Cours de Parlemens.* Ce ſont les termes d'Henri IV. dans ſes Lettres Patentes du 4. Juillet 1521.; ainſi le Souverain doit toujours être diſpoſé à écouter ſon Parlement, & à regarder comme précieuſes à l'Etat les Remontrances qui ont toujours pour objet principal la manutention des loix du Royaume & le bien public. Pour qui les Princes feroient-ils donc accessibles, s'ils ne l'étoient plus pour leurs propres Parlemens? Et à quels maux les Rois, leur Trône, leurs Etats ne deviendroient-ils pas exposés, si le Monarque en France, accessible à tout le monde, cessoit de l'être pour ceux, qui dans les tems orageux, sont les seuls qui puissent lui faire connoître des vérités que tout le reste du monde s'empresse à lui cacher, & qu'il est cependant de son interêt le plus essentiel de ne pas ignorer.

VI. " Rien n'est plus heureux " pour un Etat, dit Pasquier, que " cette liberté accordée par le Sou" verain de faire des Remontrances. " Les Parlemens méritent éminem" ment de l'Etat, en faisant d'une si " belle prérogative un usage légiti" me.,, Le Clergé disoit dans son assemblée de 1681., *qu'il devoit par son propre interêt prendre part à ce qui regarde cette illustre Compagnie*; & deux de ses membres en 1459. disoient au Pape au nom de Charles VII., " qu'ils vouloient que tout le

“ monde sçût que cette auguste “ Cour étoit très-nécessaire pour la “ conservation des Eglises & de “ leurs droits : „ *omnibus intelligere placeat quod hæc venerabilis Curiâ quàm plurimùm necessaria est ad conservationem Ecclesiarum & jurium suorum. Le Parlement*, ont dit plusieurs Rois, *est le lien de l'obéissance de tous les ordres ; il a rendu de grands & signalés services aux Rois, dont il a fait regner les loix, reconnoître l'autorité & respecter la puissance légitime ; & sa dignité fait une des plus illustres portions de celle des Rois.*

Vouloir que les Rois aient le pouvoir de l'abolir, ce seroit donc vouloir qu'ils eussent le pouvoir d'abolir ce qu'il y a *de plus heureux pour leur Etat ;* qu'ils pussent priver leur Royaume d'un corps que sa prérogative si belle met à portée d'en mériter infiniment ; d'un Corps si précieux & si nécessaire au Clergé qu'il en regarde les interêts comme ses interêts propres ; en un mot qu'ils pussent ébranler leur propre trône, en brisant *le lien de l'obéissance de tous les ordres*, & le tribunal qui rend journellement *de grands & ſignalés ſervices* à leur autorité Royale : c'eſt-à-dire qu'ils puſſent renverſer toute l'ancienne œconomie de leurs Etats, *le lien*, *le retenail* & la ſureté de leur Monarchie ; & faire à leurs peuples, à leurs ſucceſſeurs, & à eux-mêmes la plus funeſte des plaies. N'eſt-ce pas là un beau pouvoir, pour s'imaginer que la Majeſté d'un Souverain s'en croira bien relevée?

VII. Tout ce qui eſt juſte, ſage, conforme aux loix & à la conſtitution de leur Etat, il eſt ſans doute que nos Rois le peuvent. *Je peux tout ce que je veux*, diſoit un Roi de France à de vils adulateurs, *parce que je ne veux que ce qui eſt juſte.* Au contraire tout ce qui ne ſe pourra faire ſans bleſſer la juſtice, la ſageſſe & les loix de leur Etat, les Rois ne le peuvent pas. *Ces loix*, dit Loiſeau, *bornent le pouvoir du Souverain ſans intereſſer la Souveraineté* : ou comme le dit encore le Clergé d'après Henri III. *la grandeur & la liberté des Rois conſiſte à ne pouvoir mal faire. Car pouvoir mal faire est plutôt action d'impuissance que de vrai pouvoir.*

VIII. Les Souverains ne sçauroient avoir trop d'horreur pour ces malheureux politiques qui font regarder la destitution des Officiers de Justice comme un avantage. Ils ne doivent point oublier le trait de Louis XI., qui maltraité par Charles VII. son pere dans les dernieres années de son regne, s'en vengea par la destitution de ses Officiers à son avenement à la Couronne. Ce Prince s'en repentit si vivement depuis, qu'il fit promettre & jurer à son jeune fils Charles VIII. "d'entretenir après sa mort aux charges & offices qu'il trouveroit être au Royaume, les Seigneurs de son sang & autres Gouverneurs, Capitaines & Officiers de Judicature sans aucunement les changer, muer, ne désapointer, sinon faire que fussent trouvés autres que bons & loyaux, lui remontrant les grands maux, inconvéniens & dommages qui lui étoient advenus peu de tems après son avenement

" à la Couronne, pour ne les avoir " maintenus à leurs états, charges " & offices. „

Ce Monarque en sentoit tellement l'importance, que par une Ordonnance solemnelle, il rappella l'ancienne regle, que ceux qui seroient pourvus d'un office *n'en pourroient être destitués que par resignation* (volontaire) *mort, ou forfaiture.* Et par un second Edit de Septembre 1482. interprétatif du premier, il déclare que la destitution des Officiers par forfaiture *n'aura lieu si la forfaiture n'est jugée.* Voila le modele que les Souverains doivent avoir devant les yeux, lorsqu'on leur proposera le plan odieux de la destitution.

IX. Rien n'est si essentiel au bien de l'Etat, & si nécessaire au Souverain que l'observation exacte des loix qui ordonnent de n'avoir nul égard aux surprises qui pourroient être faites au Prince contre l'interêt public & contre les regles de la justice qu'il doit à ses sujets; de continuer l'instruction des affaires sans s'arrêter aux évocations, & de conſommer l'exécution des jugemens ; ſans s'arrêter aux caſſations. *Voulons qu'il ne ſoit délivré aucunes lettres d'évocation générale ou particuliere , de propre mouvement... Déclarons les évocations qui ſeront ci-après obtenues contre les formes nulles , & de nul effet & valeur ; & voulons que nonobſtant icelles , ſoit paſſé outre.* 1648.

Pour les caſſations arbitraires & les autres lettres deſtinées à empêcher l'exécution des arrêts, l'ordonnance de 1344., celle de 1389., de 1402., &c. ſont également fortes. *Volumus ac etiam præcipimus ut talibus litteris non obediant vel obtemperent quoque modo ; imò eas nullas, iniquas, vel ſubreptitias pronuntient & annullent.*

x. Les Rois ont toujours eu des tribunaux deſtinés à policer la choſe publique de leur Royaume, & à faire à leur décharge ce qu'il leur eſt impoſſible de faire par eux-mêmes. Ces tribunaux ſont ceux des juges ordinaires, & c'eſt plus ſpécialement encore le premier Parlement du Royaume. La conſéquence naturelle eſt, que les Rois ne peuvent inſpirer à leurs peuples trop de reſpect pour leurs juges ordinaires, & ſpécialement pour le Parlement. Or, comme c'eſt affoiblir le reſpect & renverſer même cette belle œconomie de la police publique, que de les dépouiller ſans ceſſe par des évocations ou caſſations arbitraires, les Rois de France ſe les ſont interdites. Ils ont même fait défenſes à leurs tribunaux *d'y avoir aucun égard*, en cas que *par impoſture, prieres ou autrement* on en ſurprit de ce genre. On ne peut qu'admirer en cela la ſage prudence de nos Monarques. Ils ont un interêt eſſentiel de ne pas s'en écarter dans l'adminiſtration.

XI. Le Prince eſt élevé ſur un trône qui l'éloigne de ſes peuples, & qui ne lui permet de voir & d'entendre, que par les yeux & les oreilles d'autrui : il doit être attentif à ne pas préférer des impreſſions qu'un interêt ſecret doit lui rendre ſuſpectes, à la voix unanime de tous les Magiſtrats de ſon Royaume, de ces corps fideles en qui la connoiſſance immédiate des maux de l'Etat, & l'attachement solide aux interêts de son Roi forment des barrieres insurmontables aux intrigues & aux surprises.

XII. La maxime que Pline donnoit à l'Empereur Trajan, que le Prince ne laissât point appercevoir le maître : *Cave ne cùm princeps sis, sit Domino Locus*, exprime ce qu'un gouvernement peut avoir de plus parfait. Mais elle ne fait que caractériser le gouvernement constant de la France. Nul Royaume où l'autorité soit si grande : nul où elle se fasse moins sentir. Rien de plus contraire à cette maxime, & à la nature de la Monarchie que ces ordres ou lettres de Cachet qu'on extorque aux Princes, & qui menent droit à ce qu'on appelle la tirannie du despotisme.

Les grands du Royaume ne firent point de difficulté de dire à la Reine Régente mere de S. Louis, que les emprisonnemens *étoient contraires aux libertés du Royaume*; parce que personne en France ne doit être privé d'aucun d'aucun de ses droits, que par les voies judiciaires. En un mot ce sont les loix qui doivent gouverner dans un état policé ; tout s'y fait selon les loix, & en vertu de quelque loi. Il n'y a donc que des ennemis déclarés de nos loix qui puissent solliciter le Souverain à donner de ces ordres particuliers. On peut dire aussi que ce sont les ennemis même du Prince qui suggerent une telle conduite, & qui abusent de sa confiance au point d'intervertir jusqu'à des excès incroyables, la nature aimable de son autorité Monarchique.

XIII. Il n'y a rien de si redoutable pour le Souverain, que de donner des mauvaises loix. Il en est toujours arrrivé dans les Etats une infinité de séditions, de changemens & de désordres. Par cette raison capitale, il n'y a point d'Etat policé, où l'on ne trouve au nombre des loix fondamentales, des précautions différentes, destinées à prévenir la publication des loix mauvaises, & à rassurer les peuples ſur la bonté de celles qu'on publie. La plus générale de ces meſures de prudence eſt de les ſoumettre préalablement à la diſcuſſion d'un corps de Magiſtrats éclairés, & de ne conſommer de la part du Souverain, l'important ouvrage de la légiſlation, qu'après ces examens.

Une heureuſe expérience a toujours montré, que les loix dans la formation deſquelles on s'eſt vraiment conformé à ces formes précieuſes, ont toujours été bonnes, & qu'il en a toujours réſulté *la gloire du légiſlateur, & la félicité des peuples:* au lieu qu'au contraire, quand les Rois par le vain deſir de montrer leur puiſſance ont voulu s'affranchir imprudemment de ces formes de l'Etat, il n'en a preſque toujours réſulté que des loix pernicieuſes pour le Souverain lui-même. Enſorte que ſi l'on fait une curieuſe recherche de l'origine de tous les malheurs dont la France & ſes Rois été ſi ſouvent affligés, *on trouvera qu'ils procedent de quelques Edits qui ont été publiés ſans en avoir auparavant considéré les conséquences.*

XIV. Loin que les Souverains puissent regarder l'enregistrement du Parlement comme une vaine cérémonie, ils sont obligés au contraire de l'envisager comme partie de *ces formes de l'État*, inséparables de l'usage légitime de la législation; de là dépend pour eux la pleine assurance qu'ils donnent de bonnes loix à leurs peuples; & pour les peuples, celle qu'ils sont bien gouvernés par les Rois. Grande chose véritablement, dit Pasquier, *Recherch. liv. 2. ch. 6.*, & digne de la Majesté d'un Prince; " Que nos Rois, auxquels Dieu a donné une puissance " absolue, aient d'ancienne institution " voulu réduire leurs volontés " sous la civilité de la loi; & en " ce faisant, que leurs Edits & Décrets " passassent à l'alambic de cet " ordre public. Et encore, chose " pleine de merveille, que dès lors " que quelque Ordonnance a été " publiée & vérifiée au Parlement, " soudain le peuple François y adhère " sans murmure, comme si telle

" Compagnie fut le lien qui nouât " l'obéiſſance des Sujets avec les " commandemens de leur Prince ; " ce qui n'eſt pas œuvre de petite " conſéquence pour la grandeur de " nos Rois, leſquels pour cette rai- " ſon ont toujours grandement reſ- " pecté cette Compagnie, encore " que quelquefois & ſur les pre- " mieres avenues, ſon opinion ne ſe " ſoit en tout & par tout rendue " conforme à celle des Rois. „

xv. Si les lits de Juſtice donnent à la loi un accroiſſement d'autorité, c'eſt uniquement, parce que les lits de Juſtice ſont deſtinés par leur nature même à donner aux loix du Prince un nouveau dégré de maturité, & parce qu'il ſuppoſe néceſſairement la délibération ſérieuſe & véritable de ceux qui compoſent l'aſſemblée. Que ceux qui la compoſent, n'en déliberent pas véritablement, les lits de Juſtice ne ſont plus qu'un vain ſpectacle qui n'ajoute nulle ſorte de poids à ſa loi. Ou que l'aſſemblée délibérant en effet ſur la loi, le Monarque la prononce contre l'avis des opinans, dont il surmontera les suffrages par la voie de l'autorité, le lit de Justice, loin d'ajouter aucune force à la loi, ne servira plus au contraire qu'à la la décréditer à jamais, & qu'à mieux constater qu'elle est une de ces mauvaises loix désaprouvée par les Conseillers même du Prince, & qui contraire aux regles de la justice & de l'équité, n'aura prévalu que par la loi du plus fort.

XVI. Les Souverains ne doivent point oublier que l'autorité des successeurs des Apôtres est *un* [S. Bern. de Offic. Episcop.] *ministere & non pas un Empire*, un ministere de regle, de raison, de douceur & de charité, un ministere d'instruction & de confiance, établi pour soumettre les hommes par amour à la justice & à la vérité. Regner avec éclat & soutenir les loix par la force & la terreur, c'est le propre de la souveraineté temporelle. Il n'en doit pas être ainsi des Ministres de l'Evangile. Disciples de celui qui a dit de lui-même qu'il étoit venu pour servir, établis non pour commander, mais pour être utiles à l'Eglise, pour être la lumiere & le conseil de ses enfans, pour leur dispenser les biens spirituels dont ils sont les dépositaires, ce n'est point en dominant sur les fideles qu'ils doivent les conduire. Il importe infiniment aux Souverains de ne point permettre que les Ecclésiastiques s'écartent de cette destination. Ils doivent réprimer ceux qui se livrent au schisme opposé à la Religion : l'Eglise l'a toujours regardé comme la plaie la plus dangereuse qu'elle put recevoir. Et le Souverain doit le craindre comme le plus grand fléau d'un Etat. La fermentation qu'il excite, divise les citoyens, aigrit leurs esprits, les conduit à la haine, de la haine aux voies de fait & aux troubles ; on s'y porte d'autant plus aisément, que la fausse conscience écarte toutes les horreurs du crime ; on s'y porte avec d'autant moins de réserve, qu'on regarde comme un sacrifice dû à la religion, les excès que le faux inſpire. Que les Souverains ſont heureux, lorſque les tribunaux dépoſitaires de leur autorité ſont attentifs à empêcher la propagation d'un ſi grand mal, & à éteindre pareille incendie capable d'embraſer & de détruire tout un Royaume !

VI.

1. L'Evangile eſt la regle des Rois, comme celle de leurs ſujets. La politique ne ſçauroit les diſpenſer d'être humbles, juſtes, ſinceres, modérés, compatiſſans, prêts à pardonner les injures. C'eſt une impiété horrible de ſoutenir que les Rois ont beſoin de ſe gouverner pour leurs Etats, par certaines maximes de hauteur, de dureté, de diſſimulation, en s'élevant au-deſſus des regles communes de la juſtice & de l'humanité.

Un Prince doit fuir comme la peſte ces hommes toujours diſpoſés à le flatter dans ſes maximes d'ambition, de vanité, de faſte, de molleſſe & d'artifice. Il ne doit ouvrir ſes oreilles qu'à ces hommes fermes & déſintereſſés, qui ne deſirant rien, & ne ſe laiſſant point éblouir par la grandeur, ſçavent dire avec reſpect toutes les vérités eſſentielles à un Souverain, & ont la force de lui contredire pour l'empêcher de faire des fautes.

La fonction de commander des armées n'eſt qu'une fonction paſſagere, forcée & triſte pour les bons Rois : au lieu que celle de juger les peuples, de veiller ſur tous ſes juges, & de maintenir leur autorité, eſt la fonction naturelle, eſſentielle, ordinaire & inſéparable de la Royauté. Bien juger, c'eſt juger ſelon les loix. Pour juger ſelon les loix, il les faut ſçavoir. Ainſi rien de ſi néceſſaire à un Souverain que la connoiſſance des loix. Un Roi ignorant, n'eſt qu'à demi Roi. Son ignorance le met hors d'Etat de redreſſer ce qui eſt de travers. Son ignorance fait plus de mal que la corruption des hommes qui gouvernent ſous lui.

On dit d'ordinaire aux Rois,

qu'ils ont moins à craindre les vices des particuliers, que les défauts auxquels ils s'abandonnent dans les fonctions Royales. Rien de plus faux ; toutes leurs fautes dans la vie privée sont d'une conséquence infinie pour la Royauté. Les Sujets sont de serviles imitateurs de leurs Princes ; sur-tout dans les choses qui flattent leurs passions. Leur a-t-on donné le mauvais exemple d'un amour deshonnête & criminel, l'infâmie est par là mise en honneur, le Souverain a rompu la barriere de l'honneur & de l'honnêteté, il a fait triompher le vice & l'impudence, ses sujets ne rougiront plus de ce qui est honteux ; leçon funeste qu'ils n'oublieront jamais. *Il vaudroit mieux*, dit Jesus-Christ, *être jetté avec une meule de moulin au cou au fond des abîmes de la mer, que d'avoir scandalisé le moindre des petits.* Quel est donc le scandale d'un Roi qui montre le vice assis avec lui sur son trône, non-seulement à tous ses sujets, mais encore à toutes les Cours & à toutes les Nations du monde connu ? Le vice eſt par lui-même un poiſon contagieux. Le genre-humain eſt toujours prêt à recevoir cette contagion : il ne tend par ſes inclinations qu'à ſecouer le joug de toute pudeur. Une étincelle cauſe une incendie. Une action d'un Roi fait ſouvent une multiplication & un enchaînement de crimes qui s'étendent juſqu'à pluſieurs Nations, & à pluſieurs ſiecles.

Les Souverains ne ſçauroient être trop attentifs à reprimer le luxe, & arrêter l'inconſtance ruineuſe des modes. C'eſt ce qui corrompt la plupart des femmes. Elles ſe jettent dans les Cours dans des dépenſes qu'elles ne peuvent ſoutenir ſans crime. Le luxe augmente en elles la paſſion de plaire : & leur paſſion pour plaire ſe tourne principalement à tendre des pieges aux Souverains. Il faudroit qu'ils fuſſent inſenſibles & invulnérables, pour réſiſter à toutes ces femmes pernicieuſes qu'ils ſouffrent autour d'eux : c'eſt une occaſion toujours prochaine de ſe perdre, dans laquelle ils ſe jettent. Le goût du luxe & d'une magnificence excessive est un mal contagieux. Les Princes qui sont à la suite de la Cour, voudront faire à peu-près ce que le Souverain sera. Les grands Seigneurs se picqueront d'imiter les Princes. Les Gentilshommes voudront être comme les Seigneurs. Les Financiers surpasseront les Seigneurs mêmes. Et tous les Bourgeois voudront marcher sur les traces des Financiers qu'ils ont vus sortir de la boue. Personne ne se mesure & ne se fait justice. De proche en proche le luxe passe comme par une nuance imperceptible, de la plus haute condition à la lie du peuple. Le seul moyen d'arrêter tout court le luxe, c'est de suivre exactement l'exemple que S. Louis nous a laissé de sa grande simplicité. Il ne suffit pas de le suivre par rapport aux habits, il faut le suivre encore par rapport aux meubles, aux équipages, aux tables, aux bâtimens, aux terres, aux jardins, aux parcs, &c. Un Souverain ne devroit jamais oublier la maniere dont ses prédécesseurs étoient logés & meublés. " Il devroit sçavoir quels étoient leurs repas & leurs voitures. Il y a aujourdhui plus de carrosses à six chevaux dans Paris, qu'il n'y avoit de mules il y a cent ans. Chacun n'avoit point sa chambre, une seule chambre suffisoit avec plusieurs lits pour plusieurs personnes. Maintenant chacun ne se peut plus passer d'appartemens vastes, & d'enfilades. Chacun veut avoir des jardins où l'on renverse toute la terre, des jets d'eaux, des statues, des parcs sans bornes, des maisons dont l'entretien surpasse le revenu des terres où elles sont situées. D'où tout cela vient-il ? De l'exemple que les uns prennent sur les autres. L'exemple seul du Souverain peut redresser les mœurs de toute la Nation. Nous voyons même que la folie de nos modes est contagieuse chez tous nos voisins. Toute l'Europe si jalouse de la France ne peut s'empêcher de se soumettre sérieusement à nos loix, dans ce que nous avons de plus

plus frivole & de plus pernicieux. Encore une fois, telle eſt la force de l'exemple du Prince, qu'il peut lui ſeul par ſa modération ramener au bon ſens ſes propres peuples & les peuples voiſins.

Rien ne deshonore plus un Prince que de donner un mauvais exemple, ou par des paroles trop libres, ou par des railleries piquantes, ou par des manieres indécentes de parler ſur la religion. Les courtiſans ſont de ſerviles imitateurs, qui ſe font gloire d'avoir tous les défauts du Prince. Un Prince doit reprendre l'irréligion juſques dans les moindres mots par leſquels on voudroit l'inſinuer. Il ne connoit point cette mauvaiſe honte qui fait rougir de l'Evangile. Ses diſcours & ſes actions ne doivent reſpirer qu'une foi ſincere & un zele épuré pour le Chriſtianiſme. Son autorité ſert à rendre l'irréligion muette; & il ſçait écarter avec horreur les plaiſanteries malhonnêtes, les diſcours équivoques & toutes les autres marques de libertinage.

11. Un Souverain examine à fond les vrais besoins de l'Etat pour les comparer avec l'inconvénient des taxes, avant que de charger ses peuples. Il s'en rapporte volontiers aux avis de ces hommes éclairés, & qui par leur état sont aussi plus zèlés pour le bien public, & plus capables de lui dire la vérité sans flatterie ni mollesse. Il n'appelle point *nécessité de l'Etat* ce qui ne sert qu'à flatter son ambition, comme une guerre pour faire des conquêtes, ou pour acquérir de la gloire. Il ne regarde pas comme *besoins de l'Etat*, ses propres prétentions. Quand Charles VIII. alla à Naples pour recueillir la succession de la maison d'Anjou, il entreprit cette guerre à ses dépens: l'Etat ne se crut point obligé aux frais de cette entreprise.

Il ne suffit pas au Souverain de s'abstenir de faire des injustices; il faut encore qu'il n'en tolere point dans son Royaume. Toutes les injustices que commettent les Intendans, les Gouverneurs, les Ministres, &c. retombent sur sa tête. Il doit s'informer de leur administration, & être prêt à écouter les plaintes qu'on peut faire contr'eux, & à en faire bonne justice. Les récompenses que le Prince donne à ceux qui servent sous lui, doivent toujours avoir certaines bornes. Il n'est point permis de leur donner des fortunes qui surpassent celles des gens de la plus haute condition, ni qui soient disproportionnées aux forces présentes de l'Etat. Un Ministre, quelque service qu'il ait rendu, ne doit point parvenir tout à coup à des biens immenses, pendant que les peuples souffrent, & que les Princes & les Seigneurs du premier ordre sont nécessiteux. Il est encore moins permis de donner de telles fortunes à des favoris, qui d'ordinaire ont encore moins servi l'Etat que les Ministres.

Un Prince ne doit jamais tolérer que ses Ministres prennent le bien des particuliers pour son usage sans payer sa juste valeur, ou du moins retardent le payement du prix, ensorte que ce retardement porte dommage aux vendeurs forcées. C'eſt ainſi que des Miniſtres prennent des maiſons des particuliers pour les enfermer dans les palais des Rois, ou dans leurs fortifications. C'eſt ainſi, qu'on depoſſede les propriétaires de leurs Seigneuries, ou Fiefs ou héritages pour les mettre dans des parcs. C'eſt ainſi qu'on établit des Capitaineries de Chaſſe, où les Capitaines accrédités auprès du Prince ôtent la Chaſſe aux Seigneurs dans leurs propres terres, juſqu'à la porte de leurs Châteaux, & font mille vexations au pays. C'eſt au Prince à ſçavoir le mal qu'on fait par ſon autorité, & à ne point ſouffrir qu'on la pouſſe trop loin. Il doit écouter favorablement ceux qui lui en repréſentent les bornes, & choiſir des Miniſtres qui oſent lui dire en quoi on en abuſe.

III. Les conventions que les Souverains font avec les particuliers, doivent être auſſi ſûres que ſi elles étoient d'égal à égal. Il faudroit qu'un particulier à cet égard fût auſſi libre avec ſon Souverain comme avec un de ſes voiſins. Il arrive le plus ſouvent qu'un particulier aime mieux perdre pour ſe racheter & pour ſe délivrer, que de ſoutenir ſon droit. Quelle injuſtice de donner à l'homme avec qui l'on contracte, des dédommagemens en rente, des engagemens ſur le Domaine, des charges de nouvelle création qu'un coup de plume du ſucceſſeur peut lui retrancher, parce que les Rois ſont toujours mineurs, & que leur Domaine eſt inaliénable! Ainſi on ôte aux particuliers leur patrimoine aſſuré, pour leur donner ce qui leur ſera ôté dans la ſuite, avec une ruine inévitable de leurs familles.

IV. Rien n'eſt plus contraire à la bonne foi & à l'équité d'un Souverain que des Edits ou Déclarations, ou Arrêts, avec des termes ambigus pour étendre ſes droits aux dépens du Commerce, & même pour tendre des pieges aux Marchands, & pour confiſquer leurs marchandiſes, ou du moins les fatiguer & les gêner dans leur Commerce, afin qu'ils se rachettent par quelque somme. C'est faire tort aux Marchands & au public dont on anéantit peu à peu par là tout le négoce.

v. Les peuples se doivent à la défense de l'Etat; mais les Princes ne doivent faire que des guerres justes & absolument nécessaires. Il faudroit qu'on choisit en chaque ville les jeunes hommes libres, dont l'abscence ne nuiroit en rien, ni au labourage, ni au Commerce, ni aux autres arts nécessaires, & qui n'ont point de famille à nourrir: mais il faudroit une fidélité inviolable à leur donner leur congé après un petit nombre d'années de service; ensorte que d'autres vinssent les relever, & servir à leur tour: mais laisser prendre des hommes sans choix & malgré eux; faire languir & souvent périr toute une famille abandonnée par son chef; arracher le laboureur de sa charrue, le tenir dix ou quinze ans dans le service où il périt souvent de misere dans des Hôpitaux dépourvus des secours néceſſaires ; c'eſt ce que rien ne peut excuſer, ni devant Dieu, ni devant les hommes.

v. Les troupes doivent avoir la paye néceſſaire pour vivre ſans piller. Autrement on met les troupes dans une néceſſité évidente de commettre les pillages & les violences qu'on fait ſemblant de leur défendre. Les punira-t-on pour avoir fait ce que l'on ſçait bien qu'ils ne peuvent pas s'empêcher de faire, & faute de quoi le ſervice ſeroit néceſſairement abandonné ? D'un autre côté ne les punira-t-on point, lorſqu'ils commettront publiquement des brigandages contre les défenſes du Souverain ? Ce ſeroit rendre les loix mépriſables, & ſouffrir qu'on ſe joue ſi indignement de l'autorité. Le Prince ſeroit manifeſtement contraire à lui-même ; & ſon autorité ne ſeroit plus qu'un jeu trompeur pour paroître réprimer les déſordres, & pour s'en ſervir à toute heure. Quelle diſcipline, & quel ordre y a-t-il à eſpérer dans des troupes, où les Officiers ne peuvent vivre qu'en pillant les ſujets du Roi, qu'en violant à tout moment ſes Ordonnances, qu'en prenant par force & par tromperie des hommes pour les enroller ; & où les ſoldats mourroient de faim, s'ils ne méritoient pas tous les jours d'être pendus ?

VI. Il n'eſt point permis au Souverain de faire la moindre injuſtice aux Nations étrangeres. On pend un pauvre malheureux pour avoir volé une piſtole ſur le grand chemin, dans ſon beſoin extrême ; & on traite de Héros un homme qui fait la conquête, c'eſt-à-dire, qui ſubjugue injuſtement les pays d'un Etat voiſin. L'uſurpation d'un pré ou d'une vigne eſt regardée comme un péché irrémiſſible au jugement de Dieu, à moins qu'on ne reſtitue ; & on compte pour rien l'uſurpation des villes & des Provinces. Prendre un champ à un particulier eſt un grand péché ; prendre un grand pays à une Nation eſt une action innocente & glorieuſe. Où ſont donc les idées de juſtice ? Dieu jugera-t-il ainſi ? *Exiſtimaſti inique quòd ero tui similis.* Doit-on moins être juste en grand qu'en petit ? La justice n'est elle plus justice, quand il s'agit des plus grands interêts ? Des millions d'hommes qui composent une Nation, sont-ils moins nos freres qu'un seul homme ? N'aura-t-on aucun scrupule de faire à des millions d'hommes l'injustice sur un pays entier, qu'on n'oseroit faire pour un pré à un homme seul ? Tout ce qui est pris par pure conquête est donc pris très-injustement & doit être restitué. Tout ce qui est pris dans une guerre entreprise sur un mauvais fondement est de même. Les traités de paix ne couvrent rien, lorsque le Prince est le plus fort & qu'il réduit ses voisins à signer le traité pour éviter de plus grands maux. Alors il signe comme un particulier donne sa bourse à un voleur qui lui tient le pistolet sur la gorge.

Pour les traités de paix, il faut les compter nuls, non-seulement dans les choses injustes que la violence a fait passer, mais encore dans celles où l'on pourroit avoir mêlé quelque artifice & quelque terme ambigu pour s'en prévaloir dans les occasions favorables. Dans les traités, il ne s'agit plus d'armes, ni de guerre : il ne s'agit que de paix, de justice, d'humanité & de bonne foi. Il est encore plus infâme & plus criminel, de tromper dans un traité de paix avec un peuple voisin, que de tromper dans un contrat avec un particulier. Mettre dans un traité des termes ambigus & captieux, c'est préparer des semences de guerre pour l'avenir ; c'est mettre des caques de poudre sous les maisons où l'on habite.

Un Souverain ne doit jamais entreprendre de guerre, avant d'avoir examiné & fait examiner son droit par les personnes les plus intelligentes & les moins flatteuses. Rien n'est plus pernicieux pour le Prince, que de se livrer aveuglément aux conseils de certains Ministres, qui ont interêt de l'engager à la guerre, ou qui du moins cherchent a flatter ses passions, pour tirer de lui dequoi contenter les leurs. La gloire personnelle pourroit - elle être un motif suffisant d'entreprendre la guerre ; comme si les Princes pouvoient trouver quelque gloire solide à troubler le bonheur des peuples, dont ils doivent être les peres ; comme si un pere de famille pouvoit être estimable par les actions qui rendent ses enfans malheureux ; comme si un Roi avoit quelque gloire à espérer ailleurs que dans sa justice & dans le bon gouvernement de son peuple ? Un Prince pourroit-il croire que la guerre seroit nécessaire pour acquérir des places qui seroient à sa bienséance, & qui feroient la sureté de sa frontiere ? Etrange regle ! Par les convenances, on iroit de proche en proche jusqu'à la Chine.

Pour la sureté d'une frontiere, on la peut trouver sans prendre le bien d'autrui. Il suffit de fortifier ses propres places. Voudroit - on qu'un voisin nous prit tout ce qu'il croiroit commode pour sa sureté ? La sureté n'est point un titre de propriété pour le bien d'autrui. La vraie fureté pour un Roi, c'eſt d'être juſte; c'eſt de conſerver de bons alliés par une conduite droite & modérée; c'eſt d'avoir un peuple nombreux, bien nourri, bien affectionné & bien diſcipliné. Mais qu'y a-t-il de plus contraire à la ſureté d'un Souverain que de faire éprouver à ſes voiſins, qu'ils n'en peuvent jamais trouver aucune avec lui, & qu'il eſt toujours prêt à prendre ſur eux tout ce qui l'accommode?

VII. Une juſte compenſation des biens & des maux de la guerre doit déterminer toujours un bon Roi à éviter la guerre, à cauſe de ſes funeſtes ſuites. Car où ſont les biens qui puiſſent contrebalancer tant de maux inévitables; ſans parler des périls des mauvais ſuccès? Il ne peut y avoir qu'un ſeul cas, où la guerre, malgré tous ſes maux, devient néceſſaire. C'eſt ce cas où l'on ne pourroit l'éviter qu'en donnant trop de priſe & d'avantage à un ennemi injuſte, artificieux & trop puiſſant.

puiſſant. Alors en voulant par foibleſſe éviter la guerre, on y tomberoit encore plus dangereuſement : on feroit une paix qui ne feroit pas une paix, & qui n'en auroit que l'apparence trompeuſe. Il faut alors malgré ſoi faire vigoureuſement la guerre par le deſir ſincere d'une bonne & conſtante paix. Mais ce cas unique eſt plus rare qu'on ne s'imagine ; & ſouvent on le croit réel, quand il eſt très-chimérique.

Il y a les loix de la guerre qu'il ne faut pas moins religieuſement garder que celles de la paix. Lors même qu'on eſt en guerre, il reſte un certain droit des gens, qui eſt le fond de l'humanité même. C'eſt un lien ſacré & inviolable entre les peuples, que nulle guerre ne peut rompre. Autrement la guerre ne ſeroit plus qu'un brigandage inhumain, qu'une ſuite perpétuelle de trahiſons, d'aſſaſſinats, d'abominations & de barbaries. On ne doit faire à ſes ennemis, que ce que l'on croit qu'ils ont droit de nous faire. Il y a les violences & les ruſes de guerre qui ſont réciproques, & auxquelles chacun s'attend. Pour tout le reſte, il faut une bonne foi & une humanité entiere. Il n'eſt point permis de rendre fraude pour fraude. Il n'eſt point permis, par exemple, de donner des paroles en vue d'en manquer, parce qu'on nous en a données, auxquelles on a manqué enſuite.

Il ne ſuffit pas de garder les capitulations à l'égard des ennemis, il faut encore les garder religieuſement à l'égard des peuples conquis. Qu'y aura-t-il de ſacré, ſi la promeſſe ſolemnelle d'un Prince ne l'eſt pas? C'eſt un contrat fait avec ces peuples pour les rendre ſujets, le Prince commencera-t-il par violer ſon titre fondamental? Ils ne doivent obéiſſance, que ſuivant ce contrat; & ſi on le viole, on ne mérite plus qu'ils l'obſervent.

Pendant la guerre, il ne faut point faire des maux inutiles à ſes ennemis. Ces ennemis ſont toujours hommes, & toujours nos freres. On ne doit leur faire que les maux qui peuvent nous garentir de ceux qu'ils nous préparent, & pour les réduire à une juste paix.

Un Souverain doit exécuter ponctuellement les traités de paix. Il n'est pas permis de les violer sous de beaux prétextes. A l'égard des articles des anciens traités de paix qui sont ambigus, au lieu d'en tirer des sujets de guerre, il faut les interprèter par la pratique qui les a suivis immédiatement. Cette pratique immédiate est l'interprètation infaillible des paroles. Les parties, immédiatement après le traité, s'entendoient elles mêmes parfaitement. Elles sçavoient mieux alors ce qu'elles avoient voulu dire, qu'on ne le peut sçavoir cinquante ans après. Ainsi la possession est décisive à cet égard là ; & vouloir la troubler, c'est vouloir éluder ce qu'il y a de plus assuré, & de plus inviolable dans le genre-humain.

VIII. Il est essentiel que le Prince ait égard au mérite des principaux sujets qu'il peut mettre dans les emplois. En ne faisant pas justice aux particuliers sur leurs biens, comme sur leurs terres, sur leurs rentes, &c. le Prince n'a fait tort qu'à ces particuliers & à leurs familles; mais en ne comptant pour rien dans le choix des hommes, ni la vertu, ni les talens, c'est à tout l'Etat qu'il a fait une injustice irréparable. Les hommes d'un esprit élevé & d'un cœur droit, sont plus rares qu'on ne sçauroit le croire. Il faudroit les aller chercher jusques au bout du monde : *procul, & de ultimis finibus pretium ejus*, comme dit le sage, de la femme forte. Le devoir d'un Souverain est de choisir pour les premieres places les premiers hommes. Il doit mettre tout en usage pour connoître ceux-ci, & pour les employer.

Rien de plus dangereux pour un Prince que de prendre des préventions contre quelqu'un, sans avoir jamais examiné les faits. Il en résulte de très-grands maux dans un Royaume. (On peut en juger par tous les tristes évenemens qui se succedent les uns aux autres, depuis qu'on a fait envisager au Prince qui nous gouverne, une portion d'hommes dont la foi est pure & la fidélité à l'abri de toute épreuve, comme des novateurs & des ennemis de l'Etat.) Il n'est point permis de n'écouter & de ne croire qu'un certain nombre de gens. Ils sont certainement hommes; & quand même ils seroient incorruptibles, du moins ils ne sont pas infaillibles. Quelque confiance qu'un Souverain ait en leurs lumieres & en leur vertu, il est obligé d'examiner s'ils ne sont point trompés par d'autres, & s'ils ne s'entêtent point. Toutes les fois qu'un Prince se livre à un certain nombre de personnes qui sont liées ensemble par les mêmes interêts ou par les mêmes sentimens, il s'expose volontairement à être trompé & faire des injustices. On prend le parti, sur des rapports incertains, d'écarter des emplois des gens qui ont des talens, & un mérite distingué. On dit en soi-même : *il n'est pas possible d'éclaircir les accusations ; le plus sur est d'éloigner des emplois cet homme.* Mais cette prétendue précaution eſt le plus dangereux de tous les pieges. Par là on n'approfondit rien, & on donne aux délateurs tout ce qu'ils prétendent. On juge le fond ſans examiner ; car on exclut le mérite, & on ſe laiſſe effaroucher contre toutes les perſonnes que les délateurs veulent rendre ſuſpectes.

Il ne faut pas qu'un Souverain ſe laiſſe éblouir par certains hommes vains, hardis, & qui ont l'art de ſe faire valoir ; pendant qu'il négligera le mérite ſimple, modeſte, timide & caché. Un Prince montre la groſſiereté de ſon goût, lorſqu'il ne ſçait pas diſcerner combien ces eſprits ſi hardis, & qui ont l'art d'impoſer, ſont ſuperficiels, & pleins de défauts mépriſables. Un Prince ſage & pénétrant n'eſtime ni les eſprits évaporés, ni les grands parleurs, ni ceux qui décident d'un ton de confiance, ni les critiques dédaigneux, ni les mocqueurs qui tournent tout en plaiſanterie. Il mépriſe ceux qui trouvent tout facile, qui applaudissent à tont ce qu'il veut; qui ne connoissent que ses yeux, ou le ton de sa voix, pour deviner sa pensée & pour l'approuver. Il recule loin des emplois de confiance, ces hommes qui n'ont que des déhors sans fond. Au contraire il cherche, il prévient, il attire à soi les personnes judicieuses & solides, qui n'ont aucun empressement, qui se défient d'elles-mêmes, qui craignent les emplois, qui promettent peu & qui tâchent de faire beaucoup, qui ne parlent gueres & qui pensent toujours, qui parlent d'un ton douteux & qui sçavent contredire avec respect.

La multitude d'emplois sur une seule tête exclut les meilleurs sujets qui pourroient se former & faire de grandes choses. Tout talent demeure étouffé. La paresse du Prince en est la vraie cause. Les plus petites raisons décident sur les grandes affaires. De là naissent des injustices inombrables. *Pauca de te*, disoit S. Augustin au Comte Boniface, *sed multa propter te.* Peut-être que le Prince fera peu de mal par lui-même, mais il s'en fera d'infinis par son autorité mise en mauvaises mains. *Toutes les maximes de cet article sont tirées des écrits de M. de Fénélon.*

RECAPITULATION.

Que de dons du Ciel ne faut-il pas pour bien regner ? Une naissance auguste ; un air d'empire & d'autorité ; un visage qui remplisse la curiosité des peuples empressés de voir le Prince, & qui conserve le respect dans le courtisan. Une parfaite égalité d'humeur, un grand éloignement pour la raillerie piquante, ou assez de raison pour ne se la permettre point ; ne faire jamais ni menaces ni reproches ; ne point ceder à la colere, & être toujours obéi. L'esprit facile, insinuant; le cœur ouvert, sincere & dont on croit voir le fond, & ainsi très-propre à se faire des amis, des créatures & des alliés ; être secret, toute fois profond & impénétrable dans ses motifs & dans ses projets; du sérieux & de la gravité dans le public: de la brieveté jointe à beaucoup de justesse & de dignité, soit dans les réponses aux ambassadeurs des Princes, soit dans les conseils; une maniere de faire des graces qui est comme un second bienfait; le choix des personnes que l'on gratifie; le discernement des esprits, des talens & des complexions pour la distribution des postes & des emplois; le choix des Généraux & des Ministres. Un jugement ferme, solide, décisif dans les affaires qui fait que l'on connoit le meilleur parti & le plus juste; un esprit de droiture & d'équité qui fait qu'on le suit, jusqu'à prononcer quelquefois contre soi-même en faveur du peuple, des alliés, des ennemis; une mémoire heureuse & très-présente qui rappelle les besoins des sujets, leurs visages, leurs noms, leurs requêtes; une vaste capacité qui s'étende non-seulement aux affaires de déhors, au Commerce, aux maximes d'Etat, aux vues de la politique; à la sureté des frontieres par un grand nombre de forteresses inaccessibles; mais qui sçache aussi se renfermer au-dedans & comme dans les détails de tout un Royaume; qui en bannisse un culte faux, suspect & ennemi de la Souveraineté, s'il s'y rencontre; qui abolisse des usages cruels & impies, s'ils y regnent; qui s'oppose à toutes ces loix de fantaisie, si des esprits inquiets & turbulens veulent les introduire; qui abhorre tout ce qui ressent l'esprit de schisme & de division; qui donne aux villes plus de sureté & plus de commodité par le renouvellement d'une exacte police, plus d'éclat & plus de Majesté par des édifices somptueux lorsque l'état des Finances le comporte; punir séverement les vices scandaleux; donner par son autorité & par son exemple du crédit à la piété & à la vertu; proteger l'Eglise, ses Ministres, ses droits, ses libertés: réprimer ceux qui ne se conforment point aux saints Canons, & qui veulent se rendre indépendans de toute autorité. Un Prince doit être religieux à conſerver à ſes peuples leurs droits, leurs libertés, leurs juges naturels; à ranimer dans ſes tribunaux le zele, le courage & la confiance par un accueil toujours favorable à leurs repréſentations; à reſpecter les loix & les maximes de ſes Etats; à s'aſſujettir avec joie aux formes qu'elles preſcrivent pour prémunir le Prince & les Etats contre les ſurpriſes & les abus d'autorité; attentif à diſcerner les droits véritables de l'Egliſe de tant d'uſurpations qu'on décore ſi ſouvent d'un ſi beau nom; à diſtinguer les regles du miniſtere d'avec l'abus du Miniſtre, & à ne pas confondre ce que l'Egliſe exige véritablement pour la participation aux ſacremens, avec ce que la fantaiſie de l'Evêque ou du Prêtre jugent à propos d'y ajouter. Il doit ménager ſes peuples comme ſes enfans; être toujours occupé de la penſée de les ſoulager, de rendre les ſubſides légers, & tels qu'ils ſe levent ſur les Provinces ſans les appauvrir ; avoir de grands talens pour la guerre ; être vigilant, appliqué, laborieux ; avoir des armées nombreuses, être froid dans le péril ; ne ménager sa vie que pour le bien de son Etat ; aimer le bien de son Etat & sa gloire plus que sa vie.

Qu'y a-t-il dans le vrai de plus aimable & de plus respectable, que de contempler un Roi qui possede toutes ces qualités, & sur qui sont fixés les yeux de tout un peuple rempli d'admiration & d'affection ; un Roi sous le gouvernement duquel des choses aussi difficiles à allier que l'Empire & la liberté, sont intimément mêlés ? Quel spectacle aussi rare peut être offert à l'esprit qui approche plus de la Divinité, qu'un Roi qui jouit d'un pouvoir absolu, ni usurpé par la fraude, ni maintenu par la force, mais qui est l'effet naturel de l'estime, de la confiance & de l'affection ; un Roi défenseur zelé des loix fondamentales de l'Etat, plein d'équité & de douceur, n'aimant que ce qui est vrai, & ne desirant que ce

qui

qui favoriſe le bien public, en un mot un Roi qui ne laiſſe à ſes ſujets d'autres vœux à former que celui de le voir immortel. C'eſt d'un tel Prince ſeulement qu'on peut dire avec la plus exacte vérité.

Volentes
Per populos dat jura viamque affectat olympi.

La guerre civile & tout ce qui en approche, comme le ſchiſme & ſes horreurs, n'auront pas de place dans ce tableau, ou ſi ce monſtre y paroît, il y ſera vû comme Virgile le décrit.

Centum vinctus Catenis
Poſt tergum nodis, fremit horridus ore cruento.

On le verra ſubjugué, lié, enchaîné & privé entierement du pouvoir de faire le mal. A ſa place, la concorde paroîtra, aſſurant la paix, & répandant la proſpérité ſur un Royaume heureux, l'amour de l'unité ſera le lien ſacré des cœurs. La juſtice & la paix s'embraſſeront. L'innocence ſeule triomphera. La joie ſera peinte ſur tous les viſages.

Là, on verra un peuple libre, tranquile, & sans allarmes, occupé à faire valoir son propre bien & le fond public ; des flottes couvrans les mers lui apporteront des richesses dûes à son industrie. On verra sous son regne renaître ces heureux tems de l'ancienne Eglise, où la science & la modestie rappellées de leur retraite, étoient forcées d'accepter malgré leurs resistances les dignités qu'elles avoient toujours fuies. On verra regner l'équité dans le barreau, l'union dans les familles, le bon ordre dans les Villes, la discipline dans les troupes, & la sureté dans le public. En un mot, ce généreux Monarque fera consister son devoir, sa joie & sa gloire, à rendre la Royauté aimable, & à faire envier aux Nations étrangeres le bonheur de ses sujets: & ses sujets transportés d'admiration, pénétrés d'une juste reconnoissance, n'auront d'action & de mouvement que pour lui donner des marques effectives de leur zele, de leur soumission & de leur inviolable fidélité ;

mais ce ſera un reſpect & une fidélité dont l'amour ſera le principe. La tendreſſe filiale, & toute l'affection que le ſang & la nature inſpirent pour les parens & pour la patrie, ſe trouveront heureuſement confondues & réunies en faveur de celui qui ſera le pere commun du peuple.

De cette union, de cette admirable intelligence entre les membres & le chef, réſultera la puiſſance & la ſureté du Prince: en poſſedant le cœur de ſes ſujets, il poſſedera des tréſors inépuiſables. Non contens de payer les tributs ordinaires qui ſont autoriſés par le précepte Divin, ils s'empreſſeront de lui offrir la plus grande partie de leurs biens, dans les tems où la guerre rend néceſſaires les grandes dépenſes.

Les Gardes qui l'environneront, feront moins pour veiller à la ſureté de ſa perſonne, que pour marquer la grandeur de ſa dignité, & rendre plus reſpectable l'autorité du ſceptre. Eh ! que craindroit-il en effet, ayant toujours pour ſa garde l'amour des peuples ?

O juſtice, ô vérité éternelles, liens ſacrés qui entretenez l'harmonie du monde, qui par des nœuds indiſſolubles uniſſez les Rois à leurs ſujets, & les ſujets à leurs Rois, qui temperez dans les uns l'autorité du commandement, & adouciſſez dans les autres les peines de la dépendance, puiſſiez-vous toujours être l'intelligence qui conduit, & l'ame qui anime toutes les actions du Prince qui nous gouverne. Puiſſiez-vous toujours être l'appui de ſon trône, & le fondement de notre félicité.

FIN.

www.ingramcontent.com/pod-product-compliance
Ingram Content Group UK Ltd.
Pitfield, Milton Keynes, MK11 3LW, UK
UKHW020550180726
13838UKWH00001B/148

9 782329 396